Lucía, mi pediatra ***recomienda***

El sueño es vida

Lucía, mi pediatra *recomienda*

DR. GONZALO PIN

El sueño es vida

El sueño infantil como nunca te lo han explicado

Planeta

Av. Diagonal, 662-664, 08034 Barcelona
www.planetadelibros.com

Ilustraciones de interior: © Dímeloengráfico, © Freepik
Diseño de interior y maquetación: Dímeloengráfico

Primera edición: octubre de 2023
Depósito legal: B. 14.875-2023
ISBN: 978-84-08-27759-0
Preimpresión: Realización Planeta
Impresión: Huertas
Printed in Spain – Impreso en España

Certificado PEFC
Este libro procede de bosques gestionados de forma sostenible y fuentes controladas
PEFC
PEFC/14-38-00305
www.pefc.es

El papel utilizado para la impresión de este libro está calificado como **papel ecológico** y procede de bosques gestionados de manera **sostenible**.

A mi hijo Gonzalo, que me mostró el camino.

A mi nieto Manuel, que comienza el suyo.

A todas las familias que me permitieron compartir su camino.

Índice

Prólogo, por Lucía Galán Bertrand 11

Introducción. El día que dormir se convirtió en mi sueño 17

1. ¿Por qué un libro sobre el sueño infantil? 23

2. Los primeros 2.000 días de la vida 47

3. Somos autónomos, no independientes 103

4. ¿Qué fue de mi siesta? 137

5. La adolescencia 165

6. El elemento ecoambiental del sueño infantil: un poco de todo 187

7. Consecuencias de la privación crónica de sueño en la infancia 211

8. Algunas cosas que no tienen edad 231

Agradecimientos 251

Prólogo

Mis hijos han dormido fatal. Sí, lo confieso. Y sí, también confieso que hice muchas cosas mal, que hice otras de las que luego me arrepentí. Confieso además que, a pesar de poner todo mi empeño en intentar mejorar o, al menos, en comprender el porqué de su mal dormir, no lo logré y terminé resignándome bajo el lema «todo pasa».

Efectivamente, todo pasó, pero ¿a qué precio? Todo pasó y fue mucho lo que aquellos años sin dormir se llevaron por delante. Y es que el no dormir afecta al niño, obviamente, pero también a sus progenitores, a sus respectivos trabajos, a su relación de pareja y hasta a su propia existencia.

¿Qué estoy haciendo mal? ¿Por qué me está sucediendo esto? ¿Le estará pasando algo realmente importante y no lo estoy viendo? ¿Quién me puede ayudar? ¿Por qué nadie me entiende? ¿Es que nadie se puede poner en mi lugar?

Recuerdo que había épocas en las que pasaba las noches sin pisar literalmente mi cama. Recuerdo llorar, llorar mucho. Recuerdo llegar al hospital y antes de saludar a nadie meterme en el baño a lavarme la cara en un intento por borrar de mi piel y de mi cabeza las eternas ocho horas que había pasado entre llantos, despertares, enfados y conflictos. Sí, lo recuerdo muy bien.

En aquel tiempo no había redes sociales —al menos yo no tenía—, así que no me quedaba otra que recurrir a lo que hasta entonces siempre me había salvado: los libros. Me los leí todos, los más extremistas y los más tibios. En ninguno encontraba consuelo. Sencillamente, no me sentía identificada. Me apuntaba a los pocos seminarios y simposios científicos que había sobre sueño y allí me sentaba, en una esquinita, con mi libreta, tomando notas de aquellos expertos, ansiosa por encontrar el santo grial.

Y en esa búsqueda apareció él, Gonzalo Pin. Y os hablo de hace más de quince años. Era pediatra, era padre, se había formado con los mejores expertos del mundo en sueño en países como Estados Unidos y, en España, ya por aquel entonces, era uno de los principales referentes de sueño infantil en todos los congresos y en cualquier formación médica que se preciara. Pero lo que me cautivó de él no fue su currículum, que también, sino su calma, su honestidad al hablar de un tema sumamente complejo, su profesionalidad, su brillantez a la hora de exponer cada uno de los argumentos y su humildad.

En mis noches en vela leía sus artículos, en mis horas de guardia revisaba todo lo que él recomendaba y en mi poquísimo tiempo libre, mientras mis hijos me regalaban una siesta (la de ellos, que no la mía), seguía sus líneas de trabajo y tomaba mis propias notas. Insisto, no había redes sociales...

Los años pasaron. Cumplidos los tres y cuatro años, mis hijos empezaron a dormir y yo empecé a recuperar parte de la luz que aquellos difíciles años me habían quitado, y fue entonces, mucho tiempo después de haber comenzado a leerle y escucharle, cuando conocí personalmente a Gonzalo.

En las distancias cortas era tal cual me lo había imaginado: tranquilo, educado, sonriente, estudioso y maravillosamente humilde. Tanto que me dijo:

—¡Qué barbaridad, Lucía! Has de sentirte orgullosa de todo lo que has creado. ¡No sabes lo que te admiro! ¡Eres todo un referente en nuestra profesión! ¡Enhorabuena!

Y yo escuché aquello y pensé: «¿Cómo? ¿Yo? Pero si soy yo la que lleva toda la vida leyéndote y siguiendo tu trabajo».

Qué cosas tiene la vida, ¿verdad? Así que cuando decidimos poner en marcha esta colección, me dije: «Sueño infantil. Tenemos que hablar de sueño infantil». Y, siendo sincera, no podía ser otra persona más que él, el doctor Gonzalo Pin.

Le llamé por teléfono y le dije:

—Gonzalo, tengo una proposición muy decente que hacerte.

—Ya tienes el sí, Lucía —me dijo entre risas.

—¿Cómo? Si todavía no sabes lo que es... —le contesté.

—Viniendo de ti tiene que ser algo bueno y, además, muy bonito.

Creo que nunca nadie me lo ha puesto tan fácil. Gonzalo, que no se corra la voz: que eres un facilón...

El caso es que en cuanto le planteé la posibilidad de escribir un libro con todo aquello que las familias deben saber del sueño infantil, me dijo:

—No sé si estaré a la altura.

—¿Perdón? Gonzalo, eres la persona que más sabe de sueño de este país, has liderado equipos, grupos de trabajo, asociaciones científicas, estudios y publicaciones aquí y en medio mundo. Eres, además, médico pediatra vocacional con más de cuarenta años de experiencia, padre y abuelo. Me estás tomando el pelo, ¿verdad?

—Ay, Lucía, cómo te pasas. Es que, como tú muy bien sabes, el tema del sueño es muy complejo y uno cuanto más sabe..., más se da cuenta de todo lo que aún nos queda por aprender —me confesó.

—Exacto, Gonzalo, y como el sueño es un tema tan importante y tan complejo al mismo tiempo, debería ser tratado por expertos en esta materia, porque es mucho lo que nos jugamos cuando entramos en este terreno. Tú bien lo sabes...

—No te falta razón, Lucía. En nuestra Unidad del Sueño no sabes la cantidad de niños que nos llegan mal asesorados, con pautas absolutamente desaconsejadas por la comunidad científica, familias que se han visto arrastradas por tendencias o movimientos que han banalizado el sueño infantil y que no son conscientes de la complejidad y la trascendencia de este asunto... Y más en niños.

—Pues ya tenemos libro, Gonzalo. Se lo debemos a todas esas familias. Ojalá lo hubiera tenido yo hace dieciséis años... —suspiré con ese halo de añoranza hacia un tiempo pasado que en este caso... no fue mejor.

Gracias, Gonzalo, por prestarte a compartir toda tu sabiduría y experiencia de vida en este libro que espero que ayude a miles de familias en este difícil camino de la crianza.

A mí ya me ganaste hace veinte años.

Eternamente agradecida.

Lucía Galán Bertrand

Introducción

El día que dormir se convirtió en mi sueño

Sí, como lo lees. Si estoy aquí hoy escribiendo estas líneas es porque hubo un momento de mi vida en que soñaba con que llegase la hora de dormir y en casa... se durmiera.

Es una historia que ahora, con la perspectiva que dan los años, resulta divertida y enriquecedora, pero que por aquel entonces fue muy dura para todos los implicados. Si estás leyendo esto, es muy posible que te sientas identificado con lo que voy a contarte.

Hacía unos meses que había nacido nuestro segundo y esperado hijo, Gonzalo (no fui muy original, lo sé), en un momento en que tanto mi pareja como yo estábamos en los principios de nuestras carreras. Es decir, dedicábamos mucho mucho tiempo al trabajo y al estudio: yo a la pediatría y ella a la bioquímica. Estar despejados y alerta durante el día era imprescindible.

Con nuestra primera hija, Gala (que se llama así por su bisabuela, no por la esposa de Dalí), todo había ido estupendamente. Tenía ya tres años y comía, dormía bien, disfrutaba en la escuela... Cumplía todas las expectativas que nos habíamos creado durante el embarazo y, como resultado de aquellas expectativas cumplidas, habíamos decidido dar el paso y tener un segundo hijo.

Las cosas fueron diferentes desde sus primeras semanas de vida: llanto nocturno continuo, vómitos, dificultades de agarre al pecho, infecciones de repetición, fiebres... **Esto nos generó un sentimiento profundo de angustia y, a mí, de incompetencia profesional** (si no entendía a mi hijo como profesional, ¿cómo podía hacerlo con mis pacientes?), y sí, también momentos de tensión en la pareja que nunca habíamos tenido. ¿Te suena de algo?

Poco a poco llegaron los diagnósticos: intolerancia a las proteínas de la leche, otitis media serosa... y, con ello, los tratamientos y remedios, que **fueron mejorando casi todos los síntomas. Salvo uno: el sueño.**

Cada noche, conseguir dormirlo era un suplicio y, una vez conseguido, después de horas de lucha, su sueño no duraba más de una hora seguida. ¡Noche tras noche y día tras día! Nadie podía dormir en casa, no digamos ya trabajar en condiciones... ¡Y eso que yo era pediatra! Pero nadie me había preparado para aquello, ni a mí ni a mis compañeros, con los que, como podrás imaginar, consulté infinidad de veces.

Nuestro hogar cambió, se llenó de llantos (y no, no solo los del bebé), silencios y tensión. ¡Hasta evitábamos coincidir en el ascensor con los vecinos para impedir situaciones incómodas!

Pero la vida te da oportunidades.

En aquella época no había internet y, para estar al día, periódicamente visitaba la librería médica más grande de mi ciudad para ojear las novedades. En una de esas visitas me encontré la gran sorpresa: un hermoso libro blanco escrito por un profesor americano, el doctor Sheldon, que se titulaba *Pediatric Sleep Medicine (Medicina pediátrica del sueño).* Alguien me había leído la mente y quería mejorar mi vida escribiendo un libro sobre una parte de la medicina que yo, la verdad, no sabía ni que existía.

Sencillamente lo devoré y se me abrió un mundo de nuevos conocimientos. Todo ello relacionado con **una actividad a la que dedicamos una cantidad de tiempo asombrosa: dormir ocupa más de la mitad del tiempo de los niños en sus primeros años.** ¡Y yo no sabía nada sobre el tema!

Tras devorar el libro comprendimos, como padres, que había razones por las que nuestro hijo (y nosotros) sufría cada noche y que **no era nuestra culpa, como nos habían hecho creer hasta entonces.** Como profesional sentí la necesidad de profundizar en esta área de la salud de la que tan pocas cosas conocía: acabé gastando nuestros ahorros (y los de mis suegros, para ser totalmente sincero) en hacer un curso sobre Sueño Pediátrico en la Universidad de Stanford (California), seguido de un máster en Terapia de Modificación de Conducta por la UNED y un curso los fines de semana de experto universitario en Medicina del Sueño en la Universidad Complutense de Madrid. Fueron tres años en los que pasé múltiples fines de semana fuera de casa. Y tengo que decir que solo fueron posibles gracias al apoyo, la comprensión y la solidaridad de mi pareja de toda la vida. ¡Éramos (y somos) un equipazo!

Comencé a entender el sueño y sus problemas y, con ello, cambió completamente el enfoque inicial de mi profesión. Mi familia, mis pacientes y sus familias se lo merecían.

GRACIAS A MI HIJO APRENDÍ COMO PADRE A AFRONTAR SITUACIONES COMPLICADAS, PERO, SOBRE TODO, DESCUBRÍ UN ÁREA DE LA SALUD QUE ME HA PERMITIDO AYUDAR A MUCHAS FAMILIAS EN ESTOS AÑOS.

Así que aquí estoy, más de treinta años después, intentando trasmitir algunas de las ideas que he ido aprendiendo durante estos años; ideas dirigidas a **evitar que mi historia de noches en vela y mis sentimientos de impotencia y culpabilidad se repitieran.** Al final, gran parte del secreto se reduce a entender lo que está ocurriendo.

En estos últimos años el conocimiento científico del sueño, sus condicionantes, problemas y soluciones ha cambiado radicalmente. Hoy sabemos muchos datos que, cuando yo empecé, ni siquiera sospechábamos; para mí, dos son los más importantes.

Por un lado, los seres humanos —en realidad, todos los seres con vida propia que pueblan la Tierra— no somos iguales las veinticuatro horas del día. **Nuestras respuestas y el funcionamiento de nuestro cuerpo varían a lo largo de la jornada** como resultado de nuestra adaptación a lo largo de miles de años a los cambios ambientales continuos que ocasiona el movimiento de rotación de la Tierra. Esto lo estudia una ciencia que se llama *cronobiología*.

Aunque parezca un palabro complicado, déjame que te diga en pocas palabras lo que hacen los expertos en cronobiología, porque es importante para el resto del libro y para comprender cómo funciona nuestro sueño y el de nuestros hijos.

LA CRONOBIOLOGÍA SE CENTRA EN LOS PATRONES DE ACTIVIDAD Y DESCANSO QUE SIGUEN NUESTROS CUERPOS EN RELACIÓN CON EL TIEMPO.

Estos ritmos afectan a diversos aspectos de nuestra fisiología y nuestro comportamiento, como el sueño, la alimentación, la temperatura corporal y la producción de hormonas. **La cronobiología busca comprender cómo estos ritmos afectan a nuestra salud y bienestar,** así como desarrollar estrategias para optimizar nuestra vida cotidiana en función de ellos.

Por otro lado, y no por ello menos relevante, lo que quiero destacar es hasta qué punto estamos comprendiendo la importancia del ambiente en el que se desarrollan nuestros hijos durante sus primeros años de vida. **El 60 % de la varianza en el sueño de un bebé al año de vida depende del ambiente en el que vive, y no de la genética.**

En cierto modo, podríamos decir:

SI LOS PADRES TENEMOS HÁBITOS DE VIDA SALUDABLES, NUESTROS HIJOS DORMIRÁN MEJOR.

Trasmitir todos estos conocimientos que me han supuesto años de investigación y trabajo es la intención de estas páginas. Ojalá, cuando acabes su lectura, el sueño de toda tu familia haya dejado de ser una preocupación y se haya convertido en una fuente de vida.

1

¿Por qué un libro sobre el sueño infantil?

A quien le daña el saber,
homicida es de sí mismo.
CALDERÓN DE LA BARCA, *La vida es sueño*

¿Problema de sueño o trastorno del sueño?

Es una buena pregunta cuya respuesta puede resultar algo complicada. El día que empecé a buscar esa respuesta, me di cuenta de que lo primero que aparecía eran más y más preguntas. Porque... ¿de qué estamos hablando? **¿Qué es realmente el sueño? ¿Para qué sirve dormir tantas horas?** ¿Qué hemos aprendido durante todos estos años sobre el sueño?

En lenguaje médico podemos definir el sueño como un proceso evolutivo y activo que se inicia prenatalmente, resultado de un equilibrio ecobiopsicosocial inestable y dinámico; su evolución dependerá de la armonía entre estos cuatro factores.

¿Qué quiere decir esto? Pues que, en cierto modo, **el sueño es como un juego de equilibrios entre nuestra biología, nuestra psicología y el entorno social y ambiental en el que vivimos.** En este juego, según nuestra edad, predominará más un factor u otro, pero, en todo caso, el resultado final dependerá en gran medida de nuestra capacidad para generar hábitos de vida saludable.

Sin embargo, si he de ser completamente sincero, la realidad es que esta definición tan opaca para la mayoría, tan técnica, lo único que esconde es una verdad bastante sencilla:

EN REALIDAD, NO SABEMOS MUY BIEN QUÉ ES EL SUEÑO NI PARA QUÉ SIRVE.

Durante mucho tiempo fue considerado como un fenómeno pasivo, de quietud, pero **hoy sabemos que es un período de intensa actividad cerebral** que juega un papel tremendamente importante en la **consolidación de la memoria** y para **facilitar el aprendizaje,** incluso en niños menores de tres años.

En el sueño profundo, la memoria y la información recibida a lo largo del día se consolidan en memoria de larga duración; los niños menores de quince meses asimilan mejor nueva información lingüística si se les deja hacer una siesta posterior al aprendizaje, y así se ha comprobado al compararlos con los que no tuvieron esa siesta. **Una siesta después de aprender facilita la capacidad de utilizar la información recién aprendida en una nueva tarea,** así que, si alguna vez te proponen suprimir de forma radical la siesta de tu hijo menor de cinco años, no lo permitas. A lo sumo, llegado el momento, debería ser el propio niño el que pidiera abandonar esa práctica, pero no es algo que debamos forzar en ningún caso.

LA SIESTA EN MENORES DE CINCO AÑOS MEJORA EL DESARROLLO CEREBRAL.

De ese concepto pasivo hemos pasado hoy en día a la cuádruple perspectiva ecobiopsicosocial a la hora de valorar el sueño infantil. Esta perspectiva está en línea con la propuesta actual de One Health, que indica que **la salud del ser humano no puede entenderse si no es en armonía con la salud animal y la salud ambiental.**

En general, hoy entendemos el sueño como el taller global del organismo. Durante el sueño, el organismo limpia nuestro cuerpo (especialmente el cerebro) de todas las impurezas que se acumulan con la actividad del día, consecuencia, entre otras cosas, del consumo de energía, y reajusta todos los sistemas corporales. En definitiva, **nos prepara para afrontar la actividad de la vigilia de la mejor manera posible.**

UN SUEÑO DE DURACIÓN ADECUADA, EN HORARIOS REGULARES Y DE BUENA CALIDAD, ES UNA DE LAS GARANTÍAS DE SALUD.

Mi experiencia familiar fue una historia complicada porque el trastorno del sueño se asociaba a diferentes problemas médicos, pero, afortunadamente, no siempre es así, y por ello es importante distinguir si el bebé/niño/adolescente tiene un problema con el sueño o un trastorno del sueño:

¡NO TE CONFUNDAS!

Como te anticipaba al comienzo de este capítulo, no es lo mismo un *problema* con el sueño que un *trastorno* del sueño. Puede parecer una diferencia de matiz, pero es crucial tenerla en cuenta:

1. **Los problemas con el sueño** son patrones de sueño insatisfactorios para los padres, el niño o el pediatra. Pueden estar relacionados con el bienestar del niño o con el de la familia, y su mejora dependerá más de cambios en el ambiente y de hábitos saludables de sueño que de medicamentos o terapias complicadas. No todos los problemas del sueño son anormalidades ni todos precisan tratamiento.
2. **El trastorno del sueño,** por el contrario, es una alteración real, no una variación, de una función fisiológica que controla o se relaciona con el sueño y opera durante el mismo.

Así pues, **el trastorno representa una función anormal que exige que un profesional de la salud con preparación y experiencia realice una evaluación completa** del niño y, si lo considera oportuno, plantee exploraciones y estudios complementarios necesarios. El médico tratará esta situación de la misma manera que trata cualquier otro proceso relacionado con la salud. Primero hará un diagnóstico; luego, si lo cree conveniente, pedirá realizar unas pruebas y finalmente propondrá un tratamiento.

Por el contrario, el «problema» de sueño suele producirse cuando los estímulos que recibe el niño desde el exterior no encajan con sus ritmos biológicos endógenos de ese momento. Además, ten en cuenta que hoy en día los fetos humanos y los bebés maduran en un ambiente artificial saturado de luz, y desconocemos los efectos agudos y crónicos en el desarrollo que esta nueva circunstancia puede tener.

A simple vista parece todo muy complicado porque, en la infancia, las diferencias entre lo normal y lo anormal muchas veces se definen en función de la edad y no según el patrón de sueño. **Algo que podemos considerar normal a una edad ya no lo es unos meses o años más tarde. En realidad, solo se trata de entender cómo es nuestro hijo en cada momento diferente de su maduración.**

Al mismo tiempo, no perdamos de vista que los problemas con el sueño de los niños pueden llegar a ser grandes desestabilizadores, y es preferible esperar y abordarlos cuando el entorno sea más estable: para cuidar bien, tenemos que cuidarnos primero.

Las páginas de este libro tienen entre sus objetivos **ayudarnos a distinguir entre *problema* y *trastorno*.**

DEBEMOS ENTENDER QUE PARA CUIDAR EL SUEÑO DE LOS NIÑOS TENEMOS QUE CUIDAR EL NUESTRO. CUIDARNOS, EN DEFINITIVA.

Solo de esa forma podremos aprender a colaborar con el profesional de la salud, pues nosotros seremos quienes estaremos en el lugar y el momento adecuados para resolver de manera apropiada la situación.

El decálogo del sueño infantil

Llegados a este punto, hay al menos diez ideas importantes con las que necesito que te familiarices porque, de lo contrario, no me dejarán dormir a mí. Son aquellas cuestiones que, de alguna forma, considero nociones básicas a la hora de abordar el sueño de nuestros hijos, y que creo que te serán de ayuda:

1. La naturaleza le dedica mucho tiempo al sueño durante la infancia, y la naturaleza **nunca desperdicia ni improvisa, sino que actúa con sentido.** Cuando los niños cumplen dos años de edad, han pasado alrededor de 9.500 horas durmiendo (lo que equivale a trece

meses), en contraste con las 8.000 horas que han dedicado a todas las actividades de vigilia combinadas. De manera que **el sueño es la actividad a la que más tiempo y energía dedica el cerebro durante el inicio del desarrollo.** Por algo será, ¿no?

Tras los dos primeros años de vida empieza a cambiar esta proporción. Entre los dos y los cinco años suelen pasar las mismas horas despiertos que durmiendo, y durante el resto de la infancia y hasta la adolescencia, el sueño ocupa el 40 % del tiempo medio de su vida.

Supongo que, dada la presencia tan grande que tiene el sueño en la vida de nuestros hijos, merece la pena profundizar en él, ¿no crees?

2. **Los problemas y los trastornos del sueño en los niños son muy frecuentes.** Aunque la mayoría de los niños desarrollan patrones adecuados de sueño, **entre el 15 y el 30 % sufren problemas o trastornos del sueño durante su infancia.**
3. **Los problemas del sueño en los niños pueden cronificarse.** Muchos problemas del sueño son autolimitados, es decir, duran un tiempo determinado y luego desaparecen. Sin embargo, **hay ciertos factores, tanto del propio niño como del ambiente, que favorecen que muchos de estos problemas perduren a lo largo de toda la infancia e incluso en la edad adulta.** Esto ocurre aproximadamente en el 12 % de los casos.
4. **Los problemas del sueño de los niños son tratables.** En la actualidad disponemos de muchas estrategias que nos permiten abordar estas situaciones y solucio-

narlas o, al menos, mejorarlas y evitar sus consecuencias diurnas. No nos podemos quedar ni conformar con el «son cosas de la edad», «eso es criar», «todo pasará», porque **en el 12 % de los casos las maneras en que se manifiestan los problemas van variando con la edad, no desaparecen,** mientras el sufrimiento persiste aunque se disfrace. Además, especialmente en las primeras etapas de la vida, aquello que no funciona bien puede dejar huellas que perduran en el desarrollo.

5. **Son problemas que, en la mayoría de las ocasiones, se pueden prevenir.** Si bien es importante que los problemas del sueño reciban el tratamiento adecuado, **la estrategia más efectiva es prevenir** que se presenten promoviendo unas medidas sencillas de hábitos de vida saludable y un desarrollo del vínculo saludable desde los primeros días de vida.
6. **Los problemas del sueño de los niños tienen gran impacto en la familia.** Son origen de trastornos y nerviosismo en las familias y alteran el sueño de todo su entorno.
7. **Los problemas del sueño nos dan la oportunidad de enfocar una situación difícil y aprender** cómo ejercer una crianza respetuosa y saludable. Doy fe personal de ello.
8. **El sueño es esencial para el buen funcionamiento del niño.** El déficit de sueño se ha asociado con **conductas de hiperactividad, conducta oposicionista, dificultades escolares, tendencia a la obesidad, diabetes tipo 2...**

9. **El sueño condiciona cada aspecto del desarrollo físico, psíquico, emocional, cognitivo y social del niño.** Las funciones cerebrales más altas, tales como la habilidad para razonar y pensar de manera abstracta, son muy sensibles al déficit de sueño o a un sueño de mala calidad.
10. **La presencia de problemas del sueño exacerba cualquier problema médico o psicológico del niño.**

Cuestión de relojes: la cronobiología manda

Los seres humanos hemos creído que el reloj es un invento nuestro (el primer reloj de sol data del 1450 a. C., en Egipto), pero no es cierto. El reloj es un invento de la misma naturaleza.

En un mundo que cambia de manera programada cada veinticuatro horas, más o menos, todos los seres vivos han tenido que desarrollar sistemas internos que los preparen de modo anticipado para ese cambio, permitiéndoles adaptarse a la hora que marca la luz o la oscuridad del medio ambiente.

LOS SERES VIVOS SEGUIMOS UN PATRÓN DE RITMO CIRCADIANO (DE APROXIMADAMENTE VEINTICUATRO HORAS), Y PARA ELLO DESARROLLAMOS HACE MILLONES DE AÑOS UN RELOJ BIOLÓGICO CENTRAL AUTÓNOMO.

En nuestra especie, este reloj está localizado en el centro del cerebro.

Pero no es un reloj cualquiera. No tiene forma esférica ni agujas que marquen las horas, los minutos o los segundos. **Nuestro reloj biológico está compuesto por 20.000 células localizadas en el centro del cerebro** encargadas de coordinar a millones de células de nuestro organismo para que trabajen todas en armonía.

Para conseguirlo, envían a cada célula corporal unos mensajeros (entre ellos, la melatonina, la serotonina, el cortisol..., cuyas cantidades en sangre varían a lo largo del día y la noche por este mismo motivo) que transportan su mensaje a través del sistema nervioso. Así, **las informan de la hora ambiental en la que estamos y de lo que tienen que hacer en cada momento.**

A medida que avanza el tiempo, estas señales (por ejemplo, el aumento de la melatonina al atardecer, el incremento del cortisol por las mañanas o los cambios en la temperatura interior del cuerpo) van dictando los cambios necesarios en cada una de nuestras células para que nos sincronicemos con nuestro medio ambiente. Todo ello según un **patrón circadiano** que se repite cada veinticuatro horas. O casi, pues, por razones que todavía desconocemos, nuestro reloj central tiene tendencia a retrasarse un poco cada día.

Precisamente para paliar este retraso diario, el ser humano se somete a una especie de *reseteadores* o relojeros externos que cada día ponen en hora o corrigen ese retraso del reloj biológico. Destacaremos **tres relojeros externos: la luz, los horarios de las comidas y los horarios de la actividad física o social.**

1. La luz

Es el relojero ayudante más importante, con sus cambios de colores a lo largo del día (luz naranja al amanecer y atardecer, y blanca/azul al mediodía), que a través de una conexión interna entre el ojo y el cerebro informa al reloj biológico de la hora ambiental según el tipo e intensidad de luz ambiental que domine.

Si el dormitorio está iluminado con luz cálida desde el atardecer y por la mañana la ventana permite que entre la luz natural o hay luz blanca, mejora el ritmo de sueño.

Al contrario, si vemos la luz del móvil, la *tablet* o el ordenador después del atardecer, y las persianas están completamente bajadas o hay poca luz blanca por la mañana, hay más probabilidades de que tengamos problemas con el sueño y de somnolencia diurna, pues estamos borrando la frontera entre el día y la noche.

2. Los horarios de las comidas

Es el segundo en importancia, empatado con el tercero. Se refiere a lo que los científicos definen como *crononutrición*, que consiste en adecuar los tiempos de alimentación a los momentos óptimos de funcionamiento de los órganos digestivos y en realizar una alimentación con horarios regulares. Ya sé que estarás pensado que nuestros horarios tardíos de comida y cena no son precisamente los más adecuados para un buen sueño, y estás en lo cierto.

Cuándo comemos debe ser tenido en cuenta, además de lo que comemos. Comer y cenar tarde favorece la tendencia a la obesidad o al sobrepeso. La doctora Marta Garaulet, de la Universidad de Murcia, ha demostrado que nuestra grasa corporal también tiene sus relojes, y si nos alimentamos a horas que no se coordinan con esos relojes tenemos más tendencia a la obesidad y a la diabetes.

3. Los horarios de la actividad física o social

Cuando realizamos actividad física o nos activamos en una fiesta, aumentamos los mensajeros que indican a las células que es de día (independientemente de la hora real), y tras recibir esta información nuestro organismo necesita aproximadamente dos horas para volver a la situación de «listo para preparase para dormir».

Si tu hijo o tu hija entrena al fútbol, baloncesto, etcétera, y termina a las ocho o nueve de la noche, debemos comprender que le cueste iniciar el sueño antes de las once de la noche.

En resumen, cuándo y cuánto nos exponemos a la luz exterior (mejor, evidentemente, por la mañana y al medio día), el nivel de oscuridad en el dormitorio, cuándo comemos (no solo qué comemos) y cuándo hacemos deporte, celebramos reuniones, etcétera, ayuda o dificulta que nuestro reloj central esté en hora con el medio ambiente y que los ritmos circadianos de todas nuestras células y órganos estén coordinados, permitiéndoles jugar (o no) su papel fundamental en el estado de salud global deseado.

En definitiva, **la vida saludable es cuestión de ritmos, y por eso ya te habrás dado cuenta de que a tu hijo la rutina le funciona y los cambios le sientan mal,** ¿verdad?

EL SUEÑO TAMBIÉN SE BENEFICIA
DE LAS RUTINAS.

El *cronos* y el *kairós*

Cuando hablamos de *sueño,* hablamos de *tiempo.* Y el tiempo tiene, ya lo decían los griegos en la época clásica, dos componentes que deben ir unidos de una manera armónica: **el *cronos*, que se refiere al tiempo lineal,** al paso del tiempo en sí mismo, medido de forma cuantitativa (cuánto tiempo); y **el *kairós*, que hace referencia al cuándo,** al momento concreto en que algo ocurre, y que se mide de manera cualitativa (en el momento oportuno). Esto mismo lo podemos aplicar a la actividad de dormir, que, como ya sabemos, es un proceso activo.

CUÁNTO Y CUÁNDO DORMIMOS SON DOS COSAS IGUAL DE IMPORTANTES.

Nos queda un último factor para promover una buena calidad del sueño: la llamada *presión de sueño* u *homeostasis del sueño*. Es el otro regulador que ayuda al reloj biológico: **para potenciar un buen sueño debemos estar despiertos durante un tiempo adecuado,** de manera que acumulemos «necesidad de dormir», esa presión que nos facilitará posteriormente el iniciar el sueño.

La presión de sueño y, con ello, la facilidad de dormirnos se potencian a medida que aumentamos las horas de vigilia. Por esta razón **es bueno estar despiertos al menos durante cuatro horas antes de la hora de iniciar el sueño.** Las siestas tienen como objetivo que disminuya esa presión para así poder estar activos y contentos en el trabajo o actividades de la tarde. Pero si retrasamos mucho la siesta, cuando llegue la hora de dormir no tendremos suficiente presión de sueño y nos costará más quedarnos dormidos.

Es cierto que a algunos niños les gusta echar una siesta alrededor de las siete de la tarde, y aunque es normal que nos dé pena obligarlos a permanecer despiertos cuando parece que no pueden más, créeme: hay formas de hacerlo de manera eficiente, sin, por así decirlo, tirarnos una piedra sobre el tejado. Si realizan estas siestas tardías, cuando llegue la hora de dormir apenas sentirán presión de sueño y, con mucha probabilidad, todo se retrasará. Más adelante, en otro capítulo, hablaremos de qué podemos hacer en esas ocasiones.

En definitiva, el sueño está determinado por factores ambientales del entorno junto a factores circadianos y homeostáticos individuales, lo que hace muy difícil definir un patrón de sueño «normal».

Cada uno de nosotros tenemos nuestras propias necesidades de sueño, tanto en cantidad *(cronos)* como en ritmo *(kairós)*. Desde nuestra más tierna infancia, esas necesidades van cambiando con las variaciones correspondientes a cada edad. De ahí la existencia de los famosos **percentiles de tiempo de sueño en la infancia** y la necesidad de conocer cómo somos cada uno a la hora de individualizar qué debemos o podemos proponer en esta área de la vida.

ES IMPORTANTE DESDE EL PRINCIPIO ENTENDER CUÁLES SON LAS NECESIDADES Y LOS RITMOS DE CADA NIÑO EN PARTICULAR. COMPRENDERLO NOS AYUDARÁ A FACILITAR SU NORMAL EVOLUCIÓN.

Bien, ya sabemos más o menos cómo se regula esto del dormir, pero en una noche en concreto, ¿qué es lo que pasa? **Lo que pasa es un viaje por caminos montañosos,** un viaje que yo, personalmente, llevo años estudiando, así que voy a compartir contigo todo lo que he descubierto y aprendido en este tiempo.

El viaje de cada noche

En 1926, dos pediatras rusos observaron que los niños no dormían plácidamente durante toda la noche. En repetidas ocasiones, el pecho de los niños se movía rápidamente, el pulso se hacía irregular y algunos músculos se contraían. Estos episodios duraban entre diez y quince minutos.

Les llamó la atención que, **cuanto mejor alimentados y más sanos estaban los niños** (recuerda, estamos en la Rusia de los primeros años de la Revolución bolchevique), **más veces ocurrían esos episodios** (luego, no se removían por hambre, como pensaron al principio). Al final concluyeron que **el sueño normal del niño sano no es un estado de quietud.** La pena es que en ese momento no había internet y el resto del mundo siguió pensando que era un período de inactividad cerebral (hoy sabemos que el cerebro nunca duerme, ni en los delfines, que alternan medio cerebro durmiendo y medio despierto).

DURANTE EL SUEÑO, EL CEREBRO NO SOLO NO DUERME, SINO QUE ES EL CONDUCTOR DEL «AUTOBÚS DEL SUEÑO», EN EL QUE LOS NIÑOS REALIZAN CADA NOCHE UN VIAJE POR MONTAÑAS Y VALLES.

El viaje que nos explica el guía turístico es más o menos así:

La espera

El niño sube al autobús (aunque generalmente lo montan; esto es, lo meten en la cuna o la cama). El autobús tarda un poco en empezar el viaje, y deja primero que los pasajeros se acomoden. Generalmente hay un tiempo de espera hasta que el autobús del sueño inicia su viaje diario, y durante esos minutos el niño no para de moverse, hasta que encuentra la posición más cómoda para el viaje. Esta espera es la llamada ***latencia del sueño,*** que suele durar alrededor de media hora, según edades.

Primera etapa del viaje: el autobús baja a un valle profundo

Poco a poco, el viajero entra en un sueño profundo al que los científicos llaman *fase de sueño no REM o NREM* (del inglés *non-rapid eye movements* o 'sin movimiento rápido de los ojos') y que, a su vez, tiene tres escalones desde el sueño más superficial al sueño más profundo: fases N1, N2 y N3.

En este inicio de viaje, el pasajero está tranquilo, con respiración pausada, aunque de vez en cuando tiene movimientos de acomodo.

Pero no todo es siempre tan tranquilo. En este valle profundo no llega la luz, y las sombras a veces gastan malas pasadas, presentándose como monstruos que asustan. Muchos pasajeros, aunque siguen dormidos, al ver esas sombras moverse, chillan y lloran entre sueños, y no hacen caso cuando alguien intenta consolarlos. Al contrario, cuanto más insiste el compañero de viaje en consolarlos, más creen ellos que es el monstruo y más chillan o lloran. A estos episodios los científicos los llaman *terrores del sueño;* si el pasajero llega a levantarse del asiento, le cambian el nombre y lo llaman *sonambulismo.*

Por fortuna, como el valle es tan profundo, estos monstruos no pueden salir de él y nuestro pasajero al día siguiente no recuerda nada de lo que le pasó en el llamado *valle N3* o *valle profundo.*

Este viaje por el valle N3, aunque parezca mentira, deja al pasajero descansado.

Subida al primer puerto

De manera lenta pero sin pausa, el autobús inicia la subida al primer puerto de montaña del viaje. En la cima, la vista es impresionante y el pasajero no para de mover los ojos para no perderse nada, e incluso a veces tiene un muy muy pequeño despertar. Los científicos le quitan la parte poética y lo llaman *fase de sueño REM* (derivada del inglés *rapid eye movement* o 'movimiento rápido de los ojos').

Es una fase muy importante. Se produce la conexión de la memoria de trabajo y la parte más «ejecutiva» (la que nos diferencia de nuestros ancestros los primates). Vamos guardando en los diferentes archivos de nuestro cerebro la información.

El viaje por la *cima REM* ayuda a que por el día recordemos cosas y estemos más contentos.

Después de la cima, toca bajar a un valle mucho menos profundo

En total, en todo el viaje subiremos y bajaremos entre cuatro y seis valles según nuestra edad.

En estos valles menos profundos pueden llegar con facilidad el ruido o la luz del ambiente, de tal manera que lo que antes no despertaba al viajero, ahora sí puede hacerlo. Lo bueno es que en estos valles no hay monstruos que valgan.

Segundo puerto

Volvemos a subir; este segundo puerto no tiene una carretera tan complicada como el anterior y su cima es mucho más ancha. Esta segunda cima REM y las que le siguen son cada vez más grandes y el autobús tarda más en atravesarlas. Esto da tiempo a que el pasajero lo quiera mirar todo y guardarlo en su memoria. Lo quiere hacer tan bien que a veces, en las últimas cimas (ya cerca de despertarse), al grabarlo en la memoria, lo vive con tal intensidad que puede volver a chillar o llorar. Pero esta vez sí: cuando alguien intenta calmarlo, se calma y tranquiliza. Incluso al día siguiente puede contar lo que le pasaba en la cima REM, pues lo recuerda muy bien (no como al principio del viaje, en el que los monstruos se quedaban en el valle).

De nuevo los científicos le quitan el romanticismo, llaman a esto *pesadillas.*

Fin del viaje

Casi al final del viaje, el autobús vuelve a bajar a un valle profundo (otro valle N3), pero este es más corto y no da tiempo a que los monstruos aparezcan antes de iniciar de nuevo la subida y llegar a la parada final: la vigilia o despertar.

Cada valle de sueño NREM seguido de una cima de sueño REM es lo que llamamos un ciclo de sueño. A lo largo de la infancia, la duración de los ciclos de sueño y su composición van cambiando y, con ello, cada cierto tiempo observamos cambios en la «actitud» del niño mientras duerme. He intentado resumirlo en esta tabla:

Ciclos de sueño durante la infancia y la adolescencia	0-2 meses	3-12 meses	1-2 años	3-10 años	Adolescencia
Duración del ciclo (minutos)	15-30	20-40	20-40	45-60	90-110
Fase REM (con movimiento de los ojos)	Sueño activo, 50 %	1/3 del sueño total (duración x ciclo: 10-45 min)	40-30 %	25-40 %	20-35 %
Fase N3 (sueño profundo, más frecuente en los primeros ciclos)	Sueño tranquilo	Duración x ciclo: 20-25 min.	20-30 %	13-25 %	13-25 %
Fase N2 (sueño intermedio)	Sueño tranquilo	Duración x ciclo: 20-25 min.	20 %	56-26 %	31-60 %
Fase N1 (sueño superficial, con movimientos para acomodarse)	Sueño tranquilo	Duración x ciclo: 20-25 min.	5-10 %	2-5 %	2-5 %
Tiempo despierto durante el sueño (porcentaje del total)	20-10 %	6-10 %	10-15 %	< del 5 %	< del 5 %

El sueño tranquilo de los primeros meses (el 50 % del tiempo de sueño) se transforma en los diferentes estadios del sueño NREM.

Los niños más pequeños (hasta los dos o tres años) puede que en alguna bajada a los valles y subida a las cimas del sueño REM, es decir, al final de ciclo, se despierten y necesiten que los volvamos a acomodar en el autobús.

Cuando mis hijos, Gala y Gonzalo, eran pequeños y hacíamos algún viaje en coche, el «¿Cuándo llegamos?» o el «Tengo pis» también interrumpían el viaje y teníamos que volver a acomodarlos en el coche cada *x* kilómetros; poco a poco, fueron madurando y los viajes se interrumpían menos. Con el sueño pasa lo mismo en la mayoría de los niños, aunque a algunos tenemos que ayudarlos para que esto suceda.

¡NO TE CONFUNDAS!

Desarrollar un adecuado ritmo de sueño requiere hábitos de vida saludables que, entre otras cosas, incluyen:

* Una apropiada exposición a la luz y al aire libre.
* Una buena alimentación.
* Actividad física habitual.

Y, por supuesto, en el caso de los más pequeños, **un desarrollo del vínculo seguro desde los primeros días de la vida,** y en ese desarrollo, las interrupciones del sueño forman parte de la evolución madurativa.

2

Los primeros 2.000 días de la vida

¡Que los dioses maldigan al hombre que descubrió las horas por primera vez y —sí— que instaló por primera vez aquí un reloj solar que ha destrozado, pobre de mí, el día en pedazos! Sabes, cuando era niño, mi estómago era el único reloj solar, el mejor y más verdadero.

DRAMATURGO ANÓNIMO, de alrededor 260 a. C., con motivo de la instalación del primer reloj de sol en Roma[1]

Todo empieza antes de lo que crees: embarazo y sueño

Conocí a la madre de Juan hace ya algunos años, cuando apareció en la consulta con su bebé de siete días. Nuestro estreno en aquella primera consulta me dejó marcado.

Ella era una mujer joven, antropóloga de profesión, aunque en ese momento estaba en paro y disfrutando de

[1] M. Addomine, «A fourteenth-century Italian turret clock», *Antiquarian Horology*, 37 (2), 2016, pp. 213-222.

su nuevo papel de madre. Cuando acabamos la consulta y antes de irse, me dijo:

—La experiencia que estoy viviendo en este sistema adaptativo complejo con mi hijo es única.

Dicho esto, se marchó, y me dejó allí con cara de tonto y una pregunta en la boca: «¿Qué es un sistema adaptativo complejo en biología?». Me puse manos a la obra, busqué y encontré la respuesta, pero debo confesar que la verdadera ayuda fue tener la inmensa suerte de seguir el desarrollo de Juan hasta que le di el alta a los quince años; compartir durante ese tiempo la evolución y maduración de ese sistema adaptativo complejo.

Esta es la definición que encontré:

> Un sistema adaptativo y complejo es una red dinámica de muchos agentes actuando en paralelo constantemente y reaccionando a lo que otros agentes están haciendo... El resultado total del sistema proviene de un enorme número de decisiones hechas en algún momento por muchos agentes individuales.[2]

La traducción, para que la entendamos todos: son dos seres vivos que evolucionan juntos y en paralelo, influyéndose mutuamente, de modo que no puedes entender al uno sin tener en cuenta al otro, y viceversa.

La primera vez que leí esta definición comprendí (mentira: la primera vez no entendí nada, le tuve que dar vuel-

[2] John H. Holland, *El orden oculto*, Madrid, Fondo de Cultura Económica, 2004.

tas varias veces) de manera automática el comentario de esta madre y se me representaron las imágenes de un feto en el útero y de un bebé y su madre los primeros años de su vida. ¿Qué mejor ejemplo de un sistema adaptativo complejo que dos seres vivos que están evolucionando conjuntamente en paralelo y que se influyen mutuamente de manera que no podemos entender al bebé sin comprender a la madre? **Madre e hijo son un ejemplo claro de sistema adaptativo complejo.**

Desde la concepción, los bebés están envueltos no solo en un útero físico, sino también en un útero cultural y ambiental.

Dentro de ese sistema adaptativo complejo, en el útero el feto forma parte del organismo de su madre, y por ello su reloj biológico fetal en construcción y todo él se comportan como parte de los órganos de la madre y responden a las diferentes señales que reciben a través de la placenta.

SI LA MAMÁ TIENE UNOS HORARIOS REGULARES DE SUEÑO, ALIMENTACIÓN Y ACTIVIDAD FÍSICA EN EL ÚLTIMO TRIMESTRE DE LA GESTACIÓN, LE SERÁ MÁS FÁCIL AL FUTURO BEBÉ ALCANZAR LA REGULARIDAD EN SUS HORARIOS A PARTIR DEL QUINTO O SEXTO MES DE VIDA.

¡Recuerda que para cuidar primero debemos cuidarnos! **El sistema hormonal de la madre gestante se adapta desde el inicio a ese sistema adaptativo complejo madre-feto y ayuda a los horarios.**

Definitivamente, la gestación es una de las maravillas de la naturaleza. Ya desde el principio, todo el organismo de la madre se reorganiza en beneficio de su hijo y se adapta en los diferentes trimestres de la gestación a las necesidades cambiantes del feto. Cuatro ejemplos de cómo cambian las hormonas:

* Estar embarazada no deja de ser un motivo de estrés, por muy bien que vayan las cosas. Quizás por ello, **el cortisol** materno (la hormona del estrés) durante la gestación incrementa hasta cuatro veces sus valores anteriores (¿este es el origen de la mayor prevalencia de insomnio en la gestante?).
* **Los estrógenos** también aumentan durante el embarazo, y al aumentar disminuyen el sueño REM (repasa el capítulo 1). ¿Es ese el origen de la sensación del mal dormir de muchas embarazadas?
* **La progesterona** se une al cortisol y aumenta la tendencia al despertar.
* **La hormona del sueño** no podía faltar a esta fiesta. Hay un incremento notable de melatonina nocturna después de las veinticuatro semanas de gestación, con un pico a las 36 semanas. Como curiosidad, los niveles de melatonina en el cordón umbilical son más altos en los niños nacidos por la noche que en los nacidos durante el día; no sabemos lo que eso implica, pero seguro que más pronto o más tarde los científicos encontrarán la respuesta.

¿Sabes por qué aumenta tanto la melatonina? Es un arma muy eficaz para proteger el cerebro del bebé durante el trabajo de parto y, por si acaso este decide nacer antes, empieza a aumentar muy pronto.

AL PREPARARTE PARA EL PARTO, ADEMÁS DE IR A LAS CLASES DE LA MATRONA, DUERME TODO LO QUE PUEDAS, ESPECIALMENTE DURANTE LAS ÚLTIMAS SEMANAS. AL DORMIR, CUIDAS TU MELATONINA Y EL CEREBRO DE TU BEBÉ.

Para el tema que nos ocupa, esta adaptación de la secreción de la mal llamada *hormona del sueño* (la melatonina) es especialmente importante, porque la melatonina no es solo la hormona del sueño (por eso decía «mal llamada»), sino que tiene otras muchas funciones, entre las que cabría destacar su **ayuda a nuestro sistema de defensas,** que es el encargado de proteger a nuestro bebé de algunas infecciones.

* **Durante la gestación:** el feto no es capaz de producir melatonina, pero tiene receptores funcionantes de melatonina en su cerebro y en todos los tejidos a partir de la semana 30 de gestación, que responden a los cambios en la cantidad de melatonina que le aporta la madre.
* **Primeras semanas de vida:** el bebé, hasta los cuatro/seis meses no empieza a segregar melatonina de manera rítmica. Hasta ese momento, depende de la que le

aporte la madre con la lactancia y sus ritmos de vida, horarios de comidas y salidas al medio ambiente.

EL FETO NO TIENE INFORMACIÓN EXTERNA DEL CICLO LUZ-OSCURIDAD: SU DEPENDENCIA DE LOS HORARIOS DE SU MADRE ES DEL 100 %.

Resumiendo, de forma clara: **fetos y bebés dependen de la melatonina que la madre les aporta, primero a través de la placenta y después con la leche materna,** para organizar sus ritmos circadianos y su buen desarrollo, y para ello se adapta el organismo de la madre. Si los alimentamos con fórmula artificial, es incluso más importante reforzar los otros relojeros (recuerda el capítulo 1).

Perinatología y cronoperinatología

Ya que la edad —o lo que es lo mismo, la juventud acumulada— tiene sus ventajas, mi ya lejana fecha de nacimiento me ha permitido vivir el surgimiento de la medicina perinatal. Con ese nombre nos referimos a la **rama médica que presta atención a la salud del bebé en el período previo a su nacimiento y en el inmediatamente posterior.**

Hasta la eclosión de la perinatología, el feto solo parecía ser objeto de la medicina cuando ponía en peligro la vida de la madre o cuando decidía nacer antes de tiempo.

Con la medicina perinatal las cosas cambiaron y la pediatría empezó a preocuparse también por la salud del bebé y por el entorno en donde se desarrollaba antes de su nacimiento, es decir, su madre.

LA PERINATOLOGÍA, COMO SU PROPIO NOMBRE INDICA, VA DE CUIDAR AL BEBÉ EN EL PERÍODO PERINATAL (UN POCO ANTES Y UN POCO DESPUÉS DE NACER).

Entonces, **¿qué es la cronoperinatología?** ¿Para qué sirve? Una cosa lleva a la otra y, cuando empezamos a estudiar al feto, nos dimos cuenta de que no solo depende, sino que también responde a las cambiantes señales maternas (por ejemplo, melatonina, cortisol, temperatura) a lo largo del día para acoplarse a la hora ambiental e ir organizando su reloj biológico y su sistema circadiano fetal en todos los órganos fetales: esto es lo que se conoce como *cronoperinatología*.

MIENTRAS ESTÁS EMBARAZADA, NO SOLO LO QUE HACES, SINO TAMBIÉN CUÁNDO LO HACES, PUEDE SER UNA FORMA DE CUIDAR A TU BEBÉ.

Soy consciente de que me estoy poniendo algo pesado, pero quisiera insistir: **el respeto y la regularidad de los ritmos de la madre durante la gestación y los primeros meses de**

vida del bebé (descansando cuando lo haga el bebé o, lo que es lo mismo, adaptando sus ritmos a los de él) son fundamentales para el buen desarrollo del ritmo sueño-vigilia de este.

1. La melatonina materna pasa a la placenta y le llega al feto sin sufrir ningún cambio. Tu exposición a la luz y tu sueño forman parte de tu conversación con tu futuro bebé.

2. La madre gestante incrementa su producción nocturna de melatonina. Los niños nacidos por la noche llegan con mayor contenido de melatonina. No sabemos a ciencia cierta qué significa, pero la naturaleza no hace las cosas sin sentido; estoy seguro de que en unos años los científicos encontrarán la razón de esta diferencia.

3. El cerebro fetal ya puede responder a los cambios en la cantidad de melatonina de la madre a partir de la semana 30 de gestación. Esto es, tu futuro bebé también te responde desde tu útero.

De alguna manera, el embarazo es una conversación contigo misma. Es un diálogo entre lo que haces y cuándo lo haces. Tú te hablas cuando te propones una acción y tú misma te respondes en el momento en que la haces. Entonces ¿cómo podemos potenciar esa saludable conversación? No es complicado, en teoría, pero luego la vida loca que llevamos se encarga de ponerlo difícil.

A partir de la semana 30 de gestación, **intentaremos hacer que los horarios de sueño de la madre sean lo más**

regulares posible, ya que, como hemos visto, es en ese momento cuando se intensifica la sincronización del reloj fetal con el materno. Al mismo tiempo, cuidaremos los otros «relojeros» de la madre: paseos y exposición a la luz natural por las mañanas o al mediodía y horarios de alimentación regulares y no tardíos.

AGENDA N.º 1

A lo largo de estas páginas vamos a ver la evolución del sueño de Juan, un bebé nacido a término en un parto vaginal de una madre sana que alimenta con pecho a su hijo.

Para ello utilizaremos lo que los pediatras que vemos estas cosas llamamos *agenda* o *diario del sueño,* los psicólogos lo pueden llamar *autorregistro,* y los padres, los «deberes que nos ha puesto el pediatra».

Se trata de **una hoja en la que se anota a qué hora empezamos a intentar que Juan se duerma, a qué hora realmente se duerme** (la línea superior de la agenda indica la hora del día), **los despertares y su duración aproximada, si lo alimentamos por la noche, a qué hora se despierta y las siestas del día.** Generalmente les pedirán que lo hagan durante quince días, pero aquí nosotros lo haremos solo una semana.

Esta es la agenda de Juan, un niño sano que duerme bien y cumple un mes de vida (quiero agradecer a la familia de Juan —nombre ficticio— la cesión de estas dos agendas):

Edad: 1 M | Sexo ♂ | Fecha
Persona que cumplimenta el registro: | Madre ✓ | Padre | Ambos | Otra

19	20	21	22	23	24	1	2	3	4	5	6	7	8	9	10	11	12	13	14	15	16	17	18
		↓LM—	—	—	LM—	—	XX—	LM—	—	XX	LM—	—	↑		↓LM—	—	—	LM—	—	XX—	LM—	—	
	↓—	LM—	—	—	—	LM—	—	—	—	LM—	XXX—	—	LM		LM↓	—	—	—	LM—		—	—	LM
		↓LM—	—	—	XXLM—	—	—	LM—	—	—	LM—	—	LM				↓LM—	—		LM—	—		
LM↓	—	—	—	LM—	—	—	XXLM—	—	—	—	LM—	—	—	LM			↓	LM—	—			LM—	—
—		↓LM—	—	LM—	—	—	—	LM—	—	—	—	LM—	—	—	—	LM		↓—	—	↑LM—	—		
LM↓	—	—	—	LM—	—	—	LM—	—	—	XXX—	—	—	LM				LM—	—	—		LM		

Ponga una ↓ cuando inicie el ritual del sueño. Ponga una ↑ cuando lo levante definitivamente. Hágalo tanto en el sueño de noche como en las siestas. Ponga una raya — en los cuadros que correspondan a los momentos en los que duerme. Deje en blanco el área del recuadro que corresponde al tiempo que está despierto. Ponga una **X** cuando realice alguna conducta que le llame la atención durante el sueño (llanto, movimientos, ronquido...). ¡Muy importante! Ponga **LM** cuando lo esté alimentando al pecho (incluso si lo hace como parte de la rutina de iniciar el sueño), **FA** si lo hace con fórmula u otro tipo de alimentación y una **C** si comparten la superficie de descanso (la misma cama).

¿Qué vemos en esta agenda?

Juan demanda cada tres o cuatro horas día y noche, aproximadamente; la mayoría de las horas del día está en posición de dormir, las «XXX» probablemente se refieran al sueño activo (los bebés, cuando empiezan el sueño y en cada cambio de ciclo, hacen movimientos y «quejidos») y, por otra parte, vemos que está apareciendo un horario más o menos fijo de inicio del sueño.

Es un dormir, aunque cansado para los padres, normal en un niño de un mes con un ritmo «ultradiano» (cada dos a cuatro horas) día y noche.

Nota: ¿empezamos a entender por qué el primer año de vida del bebé perdemos alrededor de noventa minutos de sueño cada noche respecto a lo que dormíamos en nuestra vida anterior? No todo es de color de rosa.

Podrías proponerte llevar una agenda similar sobre la rutina de tu bebé. Haciendo estos «deberes» cada dos meses, al menos durante una semana, podremos ir comprobando cómo va «madurando» el reloj de nuestro hijo. Además, puede ser un recuerdo curioso.

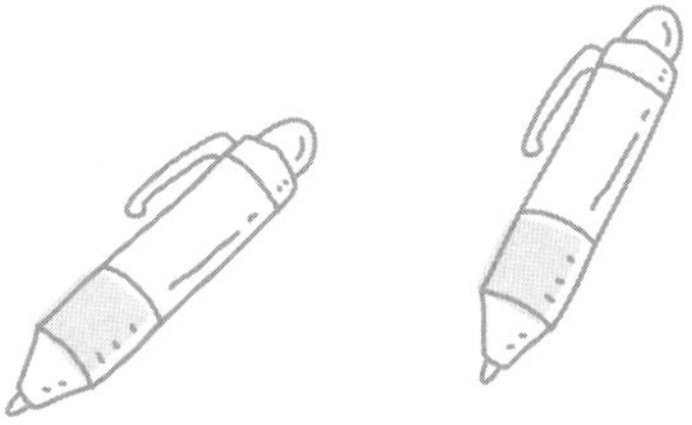

Somos un equipo: el primer trimestre de la vida vamos conociéndonos

¡Acaba de nacer! ¡Enhorabuena! ¿Se parece a la madre, al padre, a los abuelos? ¿A nadie? ¿Cómo se llamará? ¿Será abogado como su madre?

Mientras nos hacemos —y nos hacen, fundamentalmente— estas preguntas, el reloj biológico de tu bebé, formado por las 20.000 neuronas que van a controlar durante toda la vida sus ritmos y que hasta ese momento solo eran una parte de tu propio reloj, tiene que empezar a dar sus primeros pasos de manera autónoma. Desde el nacimiento, pequeños grupos de esas neuronas se van uniendo entre sí de una forma desorganizada, dispersa; **tardarán de cinco a seis meses en empezar a actuar como un único reloj biológico.**

A mí esto me impresiona: 20.000 células van a ser las directoras encargadas de que una orquesta compuesta por millones de células toque la sinfonía de la vida de una manera acompasada y rítmica mientras esa persona viva. Si no cuidásemos de esas células con nuestros buenos hábitos de vida saludable..., bueno, podría decirse que sería «para hacérnoslo mirar», ¿no?

Los llantos incontrolados de algunos bebés

Lo que trataba de decirte cuando mencionaba ese período de cinco o seis meses iniciales, en realidad, es que, durante ese tiempo, un grupo de neuronas de ese desorganizado reloj central de tu bebé tratará de incitarlo a hacer una cosa mientras que otro grupo diferente le propondrá lo contrario. Sería algo así como que **una parte de sus neuronas le pide comida mientras que otra le pide dormir, y no se ponen de acuerdo,** así que, inevitablemente, entran en conflicto.

Y ese conflicto se traduce en..., pues sí, en llanto. En inquietud e insomnio, en el caso de tu bebé, y en pérdida de horas de sueño y toneladas de paciencia, en el vuestro. Y recuerda: nadie es culpable de esto, es algo madurativo, fisiológico, normal y duro. Es duro, hay que asumirlo, resistir esta dinámica en una familia actual generalmente superocupada, sea el tipo de familia que sea.

Ahora, con la experiencia y la sabiduría de los estudios y los años —y porque, como se suele decir, «a toro pasado siempre es más fácil»—, me resulta sencillo comprender que una de las razones por las que mi hijo Gonzalo tenía episodios cortos de tranquilidad en medio de largos períodos de llanto era precisamente esta... Tan sencillo como que su reloj era todavía un desastre organizativo, ¡sin que nosotros fuéramos los culpables de nada! Tampoco vosotros lo sois.

Frente a esta situación, lo que de veras puedo decirte es que no hay técnicas de aprendizaje que valgan. En realidad, **durante estos primeros meses debemos asumir que nos encontramos en un momento en el que nuestra principal misión es esperar y, en la medida de lo posible, ayudar a la maduración del reloj biológico de nuestro bebé:** respetando sus ritmos de sueño y alimentación y asegurando en lo posible un contacto habitual con el medio ambiente exterior.

En este sentido no te debe intimidar el tiempo que haga, siempre con cabeza y sentido común, claro. **Si tu hijo ha nacido en invierno, lo abrigas, y si ha nacido en verano, lo proteges del sol,** pero el tiempo no debe ser excusa para dejar de sacarlo a la calle.

LOS NIÑOS DEBEN SALIR A LA CALLE
Y QUE LES DÉ EL AIRE
Y LA LUZ MARAVILLOSA DEL DÍA.

Si insisto en este particular es porque está comprobado que **el contacto con la naturaleza mejora su futuro ritmo de sueño.** Poco a poco, el reloj central se va organizando, pero se toma su tiempo; si a esta organización interna del reloj nosotros añadimos los cuidados maternos/paternos del resto de relojeros, estaremos en el buen camino de la maduración de todos sus ritmos, incluidos el de alimentación y sueño.

RESPETO A SUS RITMOS + PASEOS AL AIRE LIBRE
+ AMBIENTE TRANQUILO + CONTACTO FÍSICO
+ AUTOCUIDADO DEL ADULTO
=
MEJOR RITMO DE SUEÑO FUTURO

Así que no seamos impacientes, porque la realidad es que **entre la tercera y la sexta semana de vida el bebé no distingue todavía el día de la noche:** su período de sueño más largo puede producirse indistintamente durante el día o durante la noche.

EL SUEÑO DEL RECIÉN NACIDO OCUPA EL 70 %
DE SU TIEMPO: APROVECHÉMOSLO Y DESCANSEMOS
CUANTO PODAMOS.

Ya tenemos otra razón para esas setecientas horas de sueño que perdemos el primer año de vida de nuestro bebé..., y por eso lo recomendable es que **cuando el bebé duerma, nosotros también durmamos,** o al menos nos tumbemos sin zapatos y no aprovechemos esos ratos para limpiar, tender, cocinar, estudiar o cotillear en el móvil.

Es el momento de aprovechar para adaptar nuestros ritmos a los suyos y conocer cómo de organizado tiene el bebé ese reloj y si tiende a madrugar o a trasnochar, es de sueño largo o de sueño corto... Siempre teniendo en cuenta que lo habitual es que el bebé, durante estas primeras semanas, tenga períodos de actividad/descanso cada dos a cuatro horas, tanto de día como de noche.

DEBEMOS RESPETAR SUS RITMOS
Y ADAPTARNOS A ELLOS (Y NO AL REVÉS).

Cuando deja atrás al «doctor Jekyll y míster Hyde»

Los bebés son superdinámicos, nos sorprenden cada minuto; en veinticuatro horas pueden presentar hasta siete comportamientos diferentes, pasando de uno a otro en segundos. Estos comportamientos, que pueden hacernos pensar que nos los han cambiado de un momento a otro, pueden resumirse en realidad en:

1. **Sueño activo.** Se da al inicio del sueño, suele durar alrededor de veinte minutos y se repite aproximadamente cada 45-55 minutos a lo largo de la noche. Suele durar hasta el principio del tercer mes. Para no repetir las cosas, en el apartado sobre el tercer mes lo explico con amplitud.
2. **Sueño tranquilo.** El bebé tiene una respiración regular, sin movimientos espontáneos ni succión.
3. **Sueño ligero (superficial).** Tiene una respiración irregular, movimientos espontáneos y movimientos de succión ocasionales.

4. **Transición-somnoliento.** Tiene una mirada poco precisa y de admiración, con actividad variable y reacción tardía a estímulos.
5. **Consciente-alerta.** Tiene la mirada viva, una reacción enfocada a los estímulos y una actividad espontánea mínima.
6. **Consciente-hiperactivo.** Su expresión vocal es desorganizada, está muy reactivo a estímulos, perfectamente despierto, tiene mayor actividad motora y a veces llora.
7. **Llanto.** Tiene un llanto y un grito sostenido e intenso, mayor actividad motora y una reacción no focalizada a estímulos.

Como ves, no podemos considerar el sueño como algo homogéneo, y eso implica cambios en el comportamiento, movimientos, inquietud...

Dos leyendas urbanas: ¿quién lo hace mejor?

Hay dos preguntas que estoy seguro de que te estás haciendo:

* ¿Es verdad que las madres que dan el pecho duermen menos?
* ¿Es cierto que los niños alimentados con fórmula duermen más seguido, más pronto y durante más tiempo?

En realidad, se trata de dos leyendas urbanas que la ciencia se ha encargado de corregir.

Si tenemos la suerte de poder alimentar al pecho al bebé, vamos a potenciar el desarrollo de sus ritmos, pues la leche materna varía su composición a lo largo del día y tiene más melatonina (y otras sustancias, como los nucleótidos) en las últimas tomas del día y primeras de la noche; de este modo informa al bebé de cuándo es de día y cuándo es de noche.

En el caso de que no podamos o queramos alimentar al pecho al bebé, es más importante, si cabe, potenciar todo lo posible los otros «relojeros», como la exposición a la luz, los paseos..., de los que ya hemos hablado.

¡NO TE CONFUNDAS!

Si por alguna razón debemos extraer la leche materna para dársela en otro momento, es buena idea **anotar la hora de extracción y procurar ofrecer esa leche a una hora similar a la de extracción** (teniendo la precaución de envolver el depósito de manera que lo preservemos de la luz, pues la melatonina y otros compuestos de la leche materna son muy sensibles a la luz). ¡Es una de las maravillas de la leche materna: varía su composición según la hora del día!

Por esta y otras razones **los niños alimentados con leche materna, en general, se adaptan al ritmo circa-**

diano de sueño-vigilia de una manera más armónica y precoz (si respetamos los otros relojeros: paseo, alimentación, tranquilidad...).

La otra leyenda urbana que hay que desterrar es que las mamás que dan el pecho duermen menos. Al contrario, de media, **la madre que lacta duerme alrededor de treinta minutos más.**

La leche materna, con su composición cambiante a lo largo del día, ayuda al desarrollo del sistema de sueño-vigilia de los bebés.

Como ya hemos visto, el *cuándo* hacemos las cosas importa mucho para crecer sanos..., y a esta edad el cuándo lo decide el bebé, y nosotros le acompañamos.

El segundo mes

Seguimos superocupados con nuestro bebé, pero el tiempo no se detiene y pasa muy rápido, no nos da tiempo a hacer nada y, sin darnos cuenta, ¡ya hemos cumplido el mes!

En este segundo mes algunas cosas comienzan a hacerse espontáneamente más o menos a la misma hora. Sí, te darás cuenta de que poco a poco empiezas a predecir cuándo van a ocurrir ciertas cosas (de momento, pocas y no siempre):

* Se despierta más o menos a la misma hora. Se duerme también más o menos a la misma hora.
* Los despertares nocturnos empiezan a producirse siempre en el mismo momento.
* Las siestas también suelen ser a una hora similar.

El tiempo despierto y la duración de los períodos de vigilia se doblan entre el nacimiento y el final del segundo mes de vida, pero **seguirá reclamando cada dos a cuatro horas día y noche y, por normal general, su noche no será aún de ocho horas, ni mucho menos.**

RECUERDA:
LOS NIÑOS NO SON MÁQUINAS IDÉNTICAS
LOS UNOS A LOS OTROS.

Este es el proceso madurativo habitual, pero algunos pueden hacerlo un poco antes, mientras que otros lo harán más tarde. Ninguno es mejor que el otro, son diferentes..., por suerte para la humanidad y la diversidad.

El tercer mes

Llegamos al final del primer trimestre (el primero con la noche partida en varios pedazos). El bebé ya tiene tres meses y a esta edad muchos siguen necesitando alimentarse cada dos a cuatro horas día y noche. Continúa sumando horas a esas setecientas que vas a dejar de dormir este año.

Lo normal, en la mayor parte de los casos, es que aún muestren un sueño intranquilo. Se duermen de una manera algo inquieta, protestando, con movimientos y quejidos que nos hacen recordar «malas digestiones»: es el llamado ***sueño activo.*** Esta inquietud al inicio del sueño suele durar alrededor de veinte minutos y se reproduce aproximadamente cada 45-55 minutos a lo largo de la noche. Lo importante es que seas consciente de que, aunque parezca mentira, durante estos episodios el bebé sigue durmiendo.

¡NO TE CONFUNDAS!

¿Sabes por qué se mueve? Esta fase del sueño es fundamental para dos cosas: la **maduración de la parte visual de cerebro y la del sistema motor.** Esos movimientos reflejan el trabajo que está haciendo el taller cerebral para organizar la maduración del sistema motor y el futuro control de los movimientos.

Por eso es muy importante, aunque a veces te resulte difícil seguir este consejo, que cuando veas este sueño activo y observes a tu bebé moviéndose, gesticulando y haciendo sonidos, solo te asegures de que está dormido, con cuidado y, en ese caso, **no le despiertes.** Deja que el taller realice su trabajo de maduración del sistema sensoriomotor de tu hijo. A este taller, hacer su tarea le suele costar entre quince y veinte minutos, y repite el turno de trabajo cada cuarenta o sesenta minutos cada noche. En el capítulo 1 lo llamamos *cima REM* cuando son un poco más mayores.

En los períodos de sueño tranquilo que siguen al sueño activo —y que duran más tiempo—, pueden aparecer los llamados *microarousal,* una especie de despertar muy corto que es reflejo de la inmadurez de su sueño y que irá despareciendo en los siguientes meses.

Cuando cumplen tres meses, muchos bebés pueden dormir alrededor de cuatro o cinco horas seguidas por la noche, pero **alrededor del 6 % del tiempo total de sueño nocturno lo pasan despiertos.**

AGENDA N.º 2

Juan acaba de cumplir tres meses y los padres acuden al control de salud con esta agenda:

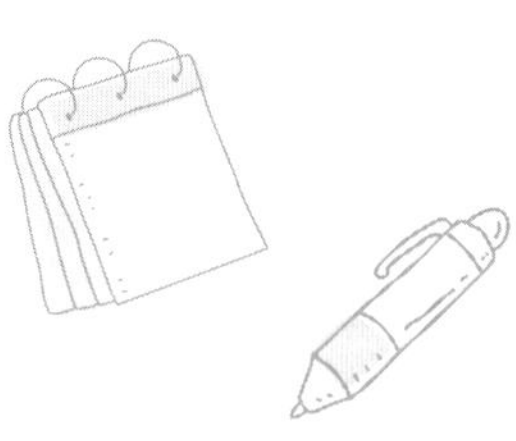

Edad: 3 M

Sexo ♂

Fecha

Persona que cumplimenta el registro: Madre ✓ Padre Ambos Otra

19	20	21	22	23	24	1	2	3	4	5	6	7	8	9	10	11	12	13	14	15	16	17	18
		LM↓	X				LM			XX		LM		↑		↓LM			↑		↓LM		↑
	LM	↓	XX				LM		XX			LM		↑		↓	LM	↑				LM	↑
		LM↓			XX			LM			LM			XX	↑		↓LM	↑			LM		↑
	LM ↓	XX				XX		LM			LM		XX	LM	↑		↓LM		↑			LM	
		LM↓							LM				LM		↑		↓LM		↑			LM	↑
LM	↓		XXLM					LM					LM		↑		↓LM		↑			LM	
↑		LM	↓					LM		XX				LM↑			↓LM			↑			LM

La mayoría de los niños a esta edad se despiertan a partir de esta hora.

¿Qué vemos en ella?

* De entrada, la página parece más clara, hay más espacios en blanco en la parte del día (Juan está despierto). Las demandas se han espaciado y agrupado.
* Su hora de dormir y su despertar matinal es casi todos los días igual.
* Los despertares nocturnos son menores y prácticamente a la misma hora.
* Continúa con conducta de movimiento y despertares.
* Las siestas se han regularizado también en horario.
* Juan es de los niños «dormilones», con un percentil de sueño 97. Lo más frecuente es que a partir de las siete de la mañana ya esté despierto.

En definitiva, tiene un patrón de sueño normal —aunque de un niño «largo durmiente»— para un niño de tres meses.

Para terminar estos primeros tres meses me queda un regalito que no te había comentado, pero estoy seguro de que lo habrás notado.

El sueño de tu bebé este primer trimestre te ha permitido sentir algo que ha experimentado la humanidad durante cientos de años: **hasta la Revolución Industrial del siglo XIX, los seres humanos se acostaban pronto y sobre las dos o las tres de la madrugada tenían un despertar de larga duración en el que cenaban de nuevo, hablaban o aprovechaban para hacer otras actividades fisiológicas.**

La Revolución Industrial acabó con esa división de la noche en dos al establecer los horarios de trabajo con cambios de turno cada ocho horas. Sin embargo, después de tantos años ese mensaje está grabado en nuestros relojes biológicos. Por ello, bebés y abuelos o, lo que es lo mismo, los que estamos en los extremos de la vida nos solemos despertar a esas horas y nos cuesta algo volver a dormirnos. Es algo normal, fisiológico y pasajero..., aunque duro para el resto de la familia.

De tres a doce meses: el tiempo de la tribu y de descubrir el mundo que nos rodea

Impresionante: resulta que la clave del sueño del bebé sano es el viejo dicho de «mente sana en cuerpo sano».

Los cuatro tiempos de los niños: cada uno depende del otro

Durante los primeros tres o cuatro meses de vida, el ciclo vigilia-sueño depende, en gran medida, de la alimentación, que se produce aproximadamente cada tres horas (ultradiano), pero a medida que se acercan los seis meses de vida el sueño empieza a socializarse y se cumple lo que ya comentábamos anteriormente, que el sueño es fruto de cuatro componentes: eco-bio-psico-social.

Los cronobiólogos, esos científicos que se dedican a medir las cosas según la hora del día, nos han enseñado que el niño tiene cuatro tiempos que, si hacemos las cosas con sentido común, tranquilidad y paciencia, suelen ir juntos y acompasados, y que constituyen la base de la salud.

TIEMPO BIOLÓGICO + TIEMPO AMBIENTAL
+ TIEMPO PSICOLÓGICO + TIEMPO SOCIAL
=
SALUD Y BUEN SUEÑO

Durante los primeros tres o cuatro meses, el tiempo biológico es el que domina, pero a partir de los cuatro a seis meses se inicia el camino del equilibrio entre los cuatro tiempos, de manera que el sueño del bebé se va imbricando con el mundo exterior que lo envuelve, y **a partir de los seis meses las condiciones ambientales, el apego o vínculo materno, el modelo educativo y el respeto a los ritmos circadianos emergentes empiezan a tener tanto o más valor en la forma en la que nuestro bebé duerme que el elemento puramente biológico de manera aislada.**

El objetivo es conseguir ese equilibrio entre los doce-dieciocho meses de vida, y en eso el cuidado del ambiente (luz, ruido, temperatura, contacto con la naturaleza, afectividad, seguridad) y el modo educativo son fundamentales. He intentado reflejarlo con mejor o peor fortuna en este esquema:

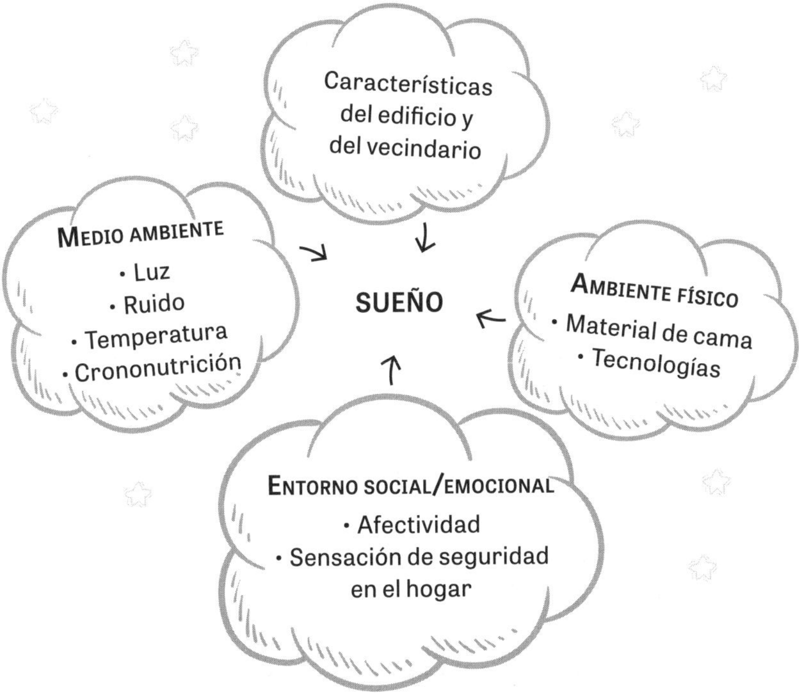

El buen dormir del niño depende, pues, mucho del equilibrio entre la salud del bebé y la salud ambiental/educativa de la familia que envuelve al bebé al cumplir el año de vida.

LA RUTINA DEL SUEÑO ES LA RUTINA Y LA HIGIENE DE VIDA DEL BEBÉ Y SU ENTORNO FAMILIAR LAS VEINTICUATRO HORAS DEL DÍA Y NO SOLO LO QUE HACEMOS PARA QUE SE DUERMA.

Esta imbricación con el mundo que le rodea es un camino lento, tortuoso y a veces complicado que se intensifica a partir de la semana dieciséis (tres a cuatro meses) cuando empiezan a transformar su ritmo de tres o cuatro horas de alternancia vigilia-sueño (ritmo ultradiano) hasta conseguir un ritmo aproximado de veinticinco horas (ritmo circadiano).

De cuatro a ocho meses: llega la vigilia tranquila dentro del sueño

Entre los cuatro y los ocho meses, **observamos períodos en los que el bebé se despierta y está tranquilo en su cuna o cama. Esto es un proceso natural y madurativo. Dejémosle madurar.**

Evidentemente, algunos de esos episodios, por causas que permanecen en el mundo de lo oculto, terminan siendo episodios de llanto e intranquilidad que nos obligan a desplegar todas nuestras artes afectivas y calmantes.

¿Leyenda urbana? Las llamadas regresiones del sueño

No entiendo por qué a veces queremos complicar este camino de implicación en el mundo que le rodea, que de por sí ya es complicado y tortuoso, y le ponemos diferentes etiquetas sin una base científica sólida. Un ejemplo de ello lo tenemos en las llamadas *regresiones del sueño*.

La verdad es que nunca he entendido esto de las regresiones y tampoco he encontrado literatura científica bien diseñada que las defina o explique (de la otra literatura sí que hay, y mucha).

Es cierto que el desarrollo del sueño (como de cualquier faceta del ser humano, por otra parte) no es lineal y tiene sus períodos de aceleración, parones, meandros y recovecos. Somos lo que somos, es decir, **nuestros bebés no son máquinas automáticas, sino seres vivos que, afortunadamente, responden al medio que los rodea pasados los primeros tiempos de su existencia.**

A partir del cuarto o sexto mes de vida, coincidiendo con la maduración de los ritmos circadianos y del creciente papel de los relojeros externos, así como de su implicación cada vez mayor con el mundo que los rodea, podemos tener más problemas con el sueño (nosotros los adultos, no los bebés, que están en su proceso de maduración aunque a veces no cumpla nuestras expectativas).

En esas ocasiones, el bebé **no está regresando a ningún sitio ni a ninguna etapa previa;** simplemente, las nuevas ofertas ambientales a las que se enfrenta a veces requieren un acople más complejo que el que permite el momento madurativo de nuestro bebé, o a la inversa.

Esta novedosa oferta influye en el entorno socioemocional (revisa, por favor, el esquema de las influencias del sueño que he dibujado un poco más arriba), le trasmite inseguridad o curiosidad y, con ello, se alteran los elementos que condicionan su sueño y, por eso, aparecen cambios en su comportamiento.

¿Qué puedo hacer si me encuentro en esta situación? Actuar en tres fases:

Primera fase. Me alegraré y respiraré tranquilo, pues mi bebé es lo suficientemente maduro para responder a los cambios de su ambiente. Su sistema nervioso responde a esos cambios. ¡Bien, así debe ser! No es un mueble, comprobado.

Segunda fase. Aumentar mi dosis de paciencia. Sé que es algo transitorio que no afecta a su desarrollo, más bien es parte de su desarrollo madurativo.

Tercera fase. Si creo que lo que le ocurre es especialmente importante porque lo veo cansado por el día o cualquier otra cosa que me llame la atención, repasaré el mundo que le ha rodeado los últimos días..., y si no encuentro nada que lo justifique y la situación se alarga en el tiempo, se lo comentaré a su pediatra por si no se trata de una cuestión de sueño.

Importante: recuerda que el bebé para dormir necesita sentirse seguro y tener confianza en el ambiente que le rodea. Eso se lo damos con nuestra calma, tranquilidad y afectividad.

¿Tenemos ventanas, ventanucos, balcones de sueño, o tenemos siestas a gusto del consumidor?

He estudiado y leído mucho sobre la arquitectura del sueño, escritos realizados por verdaderos científicos arquitectos del conocimiento del sueño. Pues bien, estos expertos arquitectos se han olvidado de hablar de ventanas o balcones; ¿será que no existen? Ya te doy yo la respuesta: así es.

Lo que sí sabemos a ciencia cierta es que existen ritmos madurativos del cerebro diferentes en cada niño, y en eso las siestas juegan un papel importantísimo.

HOY CONSIDERAMOS LAS SIESTAS COMO UN SELLO DISTINTIVO DE LA PRIMERA INFANCIA.

Los bebés tienen un acúmulo de presión de sueño (vuelve al capítulo 1) más rápido, por lo que, **para disipar esta presión de sueño a lo largo del día, necesitan más frecuentemente períodos de sueño diurno.** Al mismo tiempo, de esa manera se facilitan la maduración de la memoria, el mecanismo de aprendizaje y el manejo de las emociones en estas primeras etapas de la vida.

Las siestas son algo muy variable y diferente en cada niño. La frecuencia, el momento, la duración y la retirada dependen del momento madurativo de cada cerebro infantil en relación con diversos factores que condicionan las necesidades de sueño (sin olvidar el ambiente).

Si esto es así, ¿cómo se regulan o retiran?

A medida que madura el sistema que regula la presión de sueño (¿tengo que recordarte que vuelvas al capítulo 1?), **a lo largo de los primeros años de la vida (cuatro o cinco) se va atenuando la acumulación diurna de necesidad de sueño.** Esta maduración parece que se relaciona mucho con la profundidad de sueño adquirida por el bebé.

En resumen, el control circadiano del sueño suele madurar al final del segundo semestre de vida, y lo comprobamos porque se alarga el tiempo de sueño nocturno, y el control homeostásico (el de la presión de sueño) suele madurar sobre los cinco años, algo que comprobamos porque desaparecen las siestas.

De manera que al final me contradigo y sí que tenemos una ventana: **las siestas son las ventanas (de cristal traslúcido, eso sí) que nos permiten ver cómo van madurando el cerebro y el sistema circadiano de nuestro bebé.** Cómo se van acortando y distribuyendo a lo largo del día, cómo se vuelven primero esporádicas y luego desparecen; son el termómetro o la ventana que nos informa de esa maduración.

CADA NIÑO TIENE SU PROPIO RITMO DE SUEÑO Y SU PROPIO ACÚMULO DE PRESIÓN DE SUEÑO. ESTO SIGNIFICA QUE CADA NIÑO VA A NECESITAR UN RITMO DE SIESTAS DIFERENTE Y UNA DURACIÓN DE ESTAS TAMBIÉN DISTINTA.

Entonces, ¿cómo sabemos las necesidades de nuestro bebé en concreto? Tómate un momento para pensar: ya lo hemos visto. EXACTO: **haremos una agenda de sueño dejando que el niño nos indique su propio ritmo,** y así podremos hacerle un traje de sueño a su medida. Fácil, ¿no?

Perdí las ventanas, pero ¿cuándo empiezo a enseñar a dormir al bebé?

Después de este inciso, volvamos a lo nuestro. Los científicos a los que hacemos referencia a menudo opinan que el período entre los cuatro y los seis meses es fundamental para la maduración, estructuración y encarrilamiento del ciclo vigilia-sueño. ¡Tampoco hay que ser muy listo si ya sabemos que en esta etapa el bebé empieza a producir más melatonina por la noche..., y la produce mejor si le ayudamos desde la gestación!

A propósito de este período de los cuatro a los seis meses, me surge otra pregunta: ¿cuándo empiezo a enseñar a dormir al bebé?

Sinceramente, creo que los bebés son más listos que los adultos. **Ya aprendieron a dormir en el útero, y ahora la mayoría reaprenderá a hacerlo en un ambiente diferente..., si respetamos sus ritmos, cuidamos a los relojeros y los dejamos madurar sin atosigarlos.**

NO SE TRATA DE ENSEÑAR A DORMIR,
SINO DE ACOMPAÑAR EN LA MADURACIÓN.

Cuando me preguntan sobre esto, siempre recuerdo lo que nos costó que mi hija Gala anduviera sin caerse. Fueron meses de dolor de espalda intenso. Primero la ayudábamos con las dos manos, luego con un dedo de cada mano, con un dedo de una mano...; cuando se caía, que era algo muy frecuente, salíamos corriendo, y al final, con el tiempo, cuando se caía le decíamos, ya sin acudir: «Levántate, Gala, que no pasa nada», y ella tan contenta se levantaba y seguía a lo suyo.

Esto es, la acompañamos en su aprendizaje; no la obligábamos a poner un pie detrás de otro de manera alternativa.

Con el sueño deberíamos hacer lo mismo, acompañarlos en su maduración entendiendo que tanto la anarquía como los despertares iniciales son normales..., solo que una cosa son las tres de la tarde y otra son las tres de la madrugada, y nosotros a esas horas somos un poco «diferentes». Según la teoría científica «el cerebro después de medianoche», nuestra capacidad de control y nuestra afectividad no son los mejores a partir de la medianoche; ¡querer enseñar cosas a esas horas a un niño en estado de «guerra» después de días de no dormir puede que no sea la mejor elección!

LA RUTINA DEL SUEÑO ES LA RUTINA DE HÁBITOS SALUDABLES DE TODA LA FAMILIA DESDE QUE SE LEVANTA, NO SOLO LO QUE HACEMOS A ÚLTIMA HORA PARA QUE SE DUERMA.

Claro que para eso debemos saber cómo madura el sueño, y precisamente esto es lo que estoy intentando hacer: explicar lo que hoy sabemos de su proceso madurativo para tener elementos de juicio que nos permitan actuar de acuerdo con ese proceso.

A este respecto, no podemos olvidar que la medicina no es una ciencia absoluta y que va evolucionando; baste recordar que, durante la evolución del ser humano a través de diferentes culturas y épocas históricas, han ido cambiando los conceptos de cómo, dónde y cuánto deben dormir los niños o las nociones de qué es normal y qué constituye un problema con el sueño, debido en gran medida a la acomodación del niño a un ambiente sociocultural cambiante.

EN TORNO AL AÑO DE VIDA, CADA MINUTO DE VER PANTALLAS POR EL DÍA EQUIVALE A UN MINUTO MENOS DE SUEÑO NOCTURNO.

Sí, pero: ¿cuánto tienen que dormir?

Como habrás podido comprobar, todavía no he respondido a la pregunta del millón: «¿Cuántas horas seguidas duerme un lactante?».

La respuesta puede ser diferente según quien la dé: para un investigador en neurología lo interesante es el período de sueño más largo medido objetivamente; para un pediatra lo importante es el período de quietud o tranquilidad durante las horas de sueño (sueño + vigilia tranquila + intrasueño), mientras que para los padres probablemente sea cuándo dormirá más o menos en su mismo horario y durante una cantidad de horas semejante.

Lo que sí sabemos es que cuando cumplen un año podemos empezar a responder a esa pregunta de una manera más fundamentada:

Duración media de los episodios en los que está despierto por el día:

* Tres meses: 95 minutos.
* Nueve meses: 123 minutos.

Duración de cada uno de los despertares nocturnos:

* Tres meses: 13,6 minutos.
* Nueve meses: 10,3 minutos.

Número medio de despertares nocturnos:

* Primer mes: 9.
* Doce meses: 4,5.

Episodios de sueño que se inician en sueño activo. Repasa el apartado sobre el tercer mes:

* Seis meses: 18 %.
* Hacia los nueve meses pueden aparecer nuevos comportamientos en el sueño de los niños, tales como mover la cabeza insistentemente de un lado a otro para

dormirse o incluso periódicamente a lo largo de la noche (con cada cambio de ciclo). Son movimientos absolutamente normales, no significan que algo marche mal, aunque a ciencia cierta no sabemos por qué se producen. Algunos científicos dicen que, si persisten a partir de los seis años, deberíamos investigar, pero tampoco se ponen de acuerdo en el porqué.

Todos los niños (o la mayoría) se despiertan por la noche. Esto es como empezar a andar. Cuando dan los primeros pasos están más tiempo en el suelo que andando; pues con el sueño pasa casi igual (afortunadamente, la mayoría está más tiempo durmiendo que despiertos).

Hacia el año de vida, el sueño diurno (siesta) empieza a realizarse solo por la tarde; al mismo tiempo, aparece la deambulación, que se relaciona con el desarrollo de la corteza frontal del cerebro (la parte que nos diferencia de nuestros primos los chimpancés) a través de la activación de un nuevo sistema cerebral, el sistema dopaminérgico, que será muy importante para esto del dormir.

Con todo, **al año de vida el período más largo de sueño nocturno suele ser, aproximadamente, de 5,5 horas.**

Pero sigo sin responder a la pregunta, ¿verdad? Por eso te pongo esta imagen de los percentiles de sueño de la National Sleep Foundation. Como te dirá tu pediatra cuando te hable del peso y de la talla, lo importante es que a lo largo del desarrollo mantenga los percentiles:

PERCENTILES DEL SUEÑO

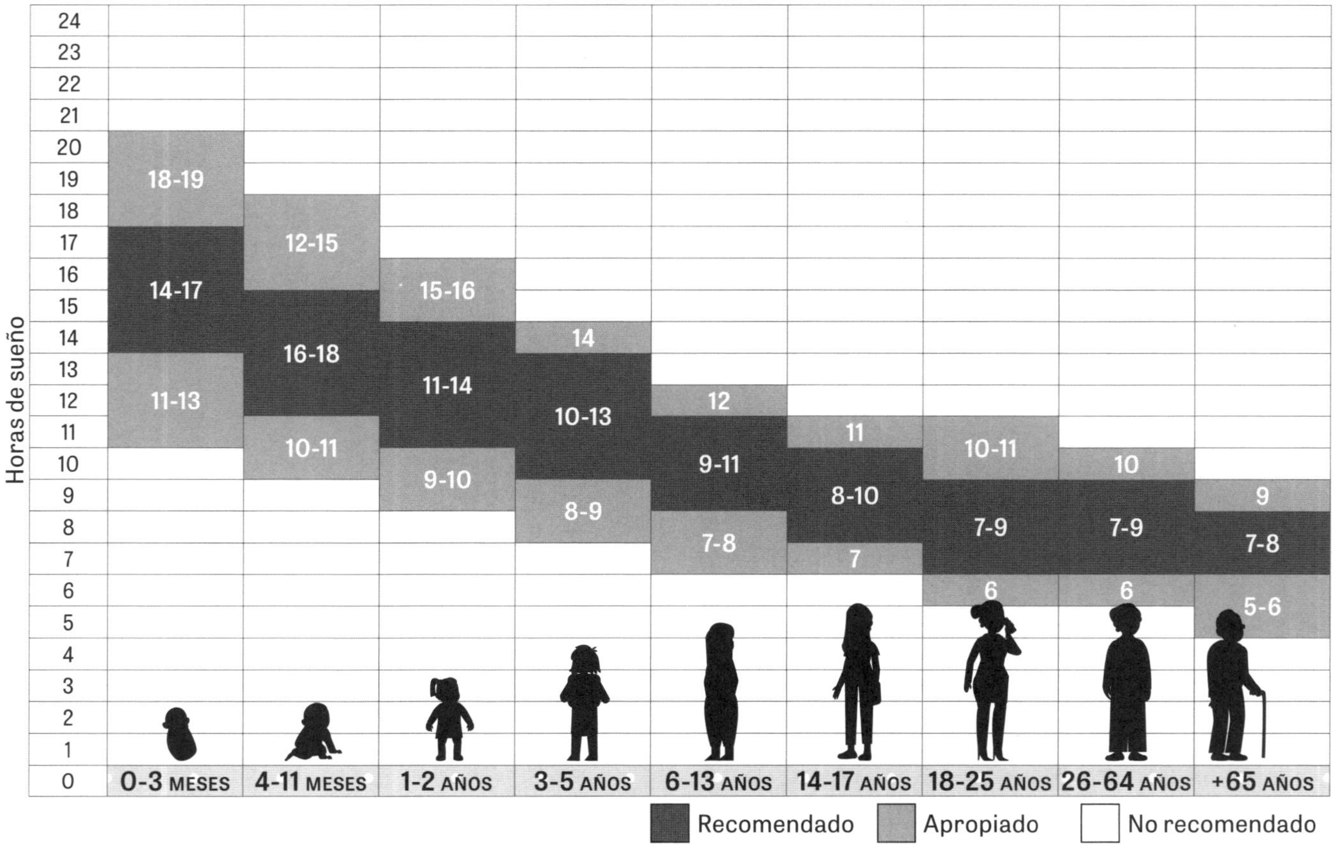

HAY NIÑOS QUE TIENDEN A DORMIR A HORAS TEMPRANAS Y DESPERTARSE PRONTO, Y A LA INVERSA. ES LA LLAMADA HORA CIRCADIANA. AJUSTAR LA HORA DE INICIO Y FINAL DEL SUEÑO A ESA HORA CIRCADIANA FAVORECE UN INICIO Y UN FINAL MÁS ARMÓNICOS.

Dos consejos que creo que te pueden ayudar:

1. Si ves que se cae de sueño y ya queda poco para el sueño nocturno, déjale dormir quince o veinte minutos y retrasa un poco el inicio del sueño nocturno. A veces funciona.
2. Para cuidar el sueño nocturno a partir de esta edad, vigila el horario de la siesta de la tarde; si es antes de tres horas del inicio del sueño nocturno, no te preocupes por su duración.

Las siestas en las últimas horas de la tarde pueden dificultar el inicio del sueño nocturno. Recuerda lo de la presión de sueño: dale tiempo a que se cargue de presión. Tres horas antes de que tengas previsto el inicio del sueño nocturno, evita las siestas; si no las puedes evitar, que sean cortas (menos de veinte minutos), y retrasa la hora de acostarse para que aumente algo la «presión de sueño».

¿Colecho sí o no?

Vamos a mojarnos, vamos al trapo... Si quisiéramos leer todo lo que se ha escrito sobre este tema no tendríamos tiempo ni en un año, aunque fuera bisiesto.

¿Qué dice la ciencia, con datos, sobre este tema?

Que la madre y el bebé compartan la cama se ha asociado con un mayor riesgo de muerte infantil relacionada con el sueño y, por lo tanto, los mensajes de salud han tenido como objetivo desalentar este comportamiento. A pesar de este mensaje, compartir la cama sigue siendo una práctica común.

Autores tan refutados como Gettler y McKenna han comparado la frecuencia de ingesta, en situaciones de laboratorio, en dos grupos de bebés sanos de tres meses de edad, de los cuales un grupo compartía la cama y el otro dormía en habitación independiente. Estos autores encontraron diferencias en el tiempo entre tomas, de manera que los que hacían colecho se alimentaban más frecuentemente y tenían tendencia a dejar pasar menos minutos entre tomas.

La evolución posterior de ambos grupos es desconocida, lo que no nos permite saber, en este caso, la influencia de esta práctica a largo plazo; es decir, el efecto de la epigenética (se llama epigenética a la influencia mutua del ambiente y la genética) tiene mucho que ver en la evolución de los patrones del sueño y el desarrollo.

En otro estudio se observó que los bebés que dormían de manera independiente comenzaban antes a dormirse autónomamente y a hacerlo de forma continuada durante la noche, mientras que los que practicaban el colecho antes del año se vestían independientemente antes.

Cuando hablamos de colecho, deberíamos tener en cuenta algunos conceptos que a veces se entremezclan y con los que nos hacemos un lío:

Colecho educativo. Es aquel en el que se comparte la superficie de descanso con el bebé por una decisión libre de los adultos tomada incluso antes del nacimiento.

Colecho reactivo. Este tipo de colecho es el que se produce como consecuencia del cansancio de los adultos ante un bebé con dificultades para iniciar el sueño o con múltiples despertares.

Modelo socioecológico del colecho. Es aquel que se decide después de tener presentes las características del niño, de la madre, de la familia, su estatus sociocultural, así como su contexto histórico (emigración, religión, cultura original...). El modelo socioecológico (SEM, por sus siglas en inglés) se ha sugerido como una forma de estudiar y diseñar intervenciones por parte de los profesionales que aborden problemas complejos de salud pública y disminuyan la brecha entre las familias y las intervenciones profesionales. De manera más clara: permite que los profesionales hagan recomendaciones a cada familia en particular en función de sus creencias y características (lo que en otros aspectos de la salud se define como «medicina personalizada»).

Nosotros estamos hablando del colecho educativo siempre bajo la perspectiva del concepto socioecológico, porque la respuesta a la pregunta de colecho sí o colecho no debe ser elaborada en cada familia específica teniendo en cuenta todas las características que he comentado; no puede ser global o absoluta.

Como ya sabemos, el ambiente condiciona la estructura del sueño de manera que algunas cosas son diferentes entre los niños que colechan rutinariamente y los que no. He resumido tres características en esta tabla:

	Colecho	**Independientes**
Alimentación	Tomas más frecuentes	
Edad media para dormirse de manera autónoma	11 meses	5 meses
Vestirse de manera autónoma	Más precoces	

Al final, cuando los profesionales nos enfrentamos a esta pregunta de colecho sí o colecho no, debemos dar argumentos y no opiniones personales. Después de mucho estudiar el tema, y con treinta años de experiencia con familias, tres son las cosas que puedo decir sobre el colecho:

1. **Debe ser seguro:** en una superficie no blanda, sin peluches ni mantitas, gorros o guantes, y en posición boca arriba. Evidentemente, no debe haberse consumido al-

cohol, tabaco o cualquier otra sustancia adictiva. Nunca debe hacerse en el sofá ni entre los dos adultos.

2. **Es importante tener en cuenta el concepto socioecológico del colecho;** esto implica que debemos valorar:
   * La historia del bebé: parto, embarazo, enfermedades...
   * La historia de la madre/padre: prácticas de crianza, lactancia, depresión, fumadores o no, edad...
   * La familia: tipo, qué apoyos tiene, vivienda, hermanos...
   * Estatus social: cuidado prenatal, lugar de residencia, economía, origen cultural...
3. Los datos de la evidencia científica no son suficientes para aconsejar o desaconsejar el colecho. **Es una decisión familiar tras asesoramiento profesional.**

Ya sé que estás pensando que había dicho que me mojaría: ¿qué es lo que hago yo en mi práctica clínica diaria? ¿Cuál es el papel del profesional sanitario en este punto según mi opinión?

1. Explico las medidas de seguridad básicas.
2. Evalúo con la familia los puntos que he citado.
3. Respeto y apoyo la decisión que la familia conscientemente toma.

Por otra parte, ¿qué recomienda la Asociación Española de Pediatría? ¿Y la Academia Americana de Pediatría? Esos son los dos espejos en los que nos miramos los profesionales:

* **Asociación Española de Pediatría:** los bebés deben compartir la habitación con sus padres hasta al menos los seis meses.
* **Academia Americana de Pediatría:** los bebés deben compartir la habitación con sus padres hasta alrededor de los doce meses.

Con todo esto, la decisión es suya y solo suya. Nuestro papel como profesionales es informar y apoyar en la decisión libremente tomada.

AGENDA N.º 3

Juan ha cumplido doce meses.

Edad: 12 M

Persona que cumplimenta el registro:

Sexo ♂

Madre ☑ Padre

Fecha

Ambos Otra

19	20	21	22	23	24	1	2	3	4	5	6	7	8	9	10	11	12	13	14	15	16	17	18
		↓						XX					↑			↓	↑		↓	↑			
		↓											↑			↓	↑		↓	↑			
		↓					XX						↑			↓	↑		↓	↑			
			↓			C					C			↑			↓	↑			↑	↓	
			↓				C				C	C		↑			↓	↑			↓		↑
		↓										↑			↓		↑		↓	↑			
		↓										↑			↓		↑		↓	↑			

¿Qué vemos en esta agenda?

1. Juan continúa con entre uno y tres despertares que no suman sesenta minutos de vigilia durante la noche. Es una realidad normal a esta edad.
2. Vemos que hay dos días con un horario diferente: el fin de semana se produce un retraso en el inicio y final del sueño nocturno y de las siestas. Los días entre semana los horarios están regidos por los horarios escolares y la siesta en la escuela. Lo conveniente es que no haya una diferencia de más de dos horas entre los horarios del fin de semana y los de los días escolares.
3. Juan algunos días todavía presenta un sueño inquieto en determinadas fases.

En definitiva, se trata de una agenda absolutamente normal en un niño de doce meses. ¿A que ya sabemos por qué los padres el primer año de vida pierden entre cuatrocientas y setecientas horas de sueño?

¿Las mujeres que dan el pecho duermen menos?

El ser humano es un mamífero que forma parte del grupo denominado «especies de porteo», pues las crías deben permanecer junto a sus madres para sobrevivir; sin embargo, no pueden estar junto a ellas continuamente (no pueden «agarrarse» como sus parientes primates), por ello, pasan largos períodos del día solas, protegidas en sus nidos, razón por la que los científicos también clasifican a la especie humana como una de las llamadas «especies anidadas».

Estar junto a su madre, además, facilita el establecimiento del vínculo fisiológico y social de este sistema adaptativo complejo que forman madre y bebé.

Por otro lado, la lactancia materna y el sueño son dos procesos regulados fundamentalmente por dos hormonas (prolactina y melatonina) que presentan un ritmo circadiano claro de secreción. La prolactina aumenta su secreción de forma continua durante la noche y alcanza la concentración más alta antes de terminar el período de sueño entre las cinco y las siete de la mañana. Una vez que la madre se despierta, la concentración cae rápidamente y mantiene niveles estables durante el día. La concentración de melatonina en la leche materna es mínima al inicio del día y se incrementa de manera significativa en las tomas de la tarde-noche.

Con esto de la lactancia y el sueño hay muchas leyendas urbanas; una de ellas es que si lactas duermes menos. Esto, afortunadamente, no es cierto. A diferencia de lo que se ha pensado durante algún tiempo, **las mujeres que dan de mamar a sus hijos duermen más tiempo (aproximadamente media hora más), se sienten físicamente mejor, tienen más energía y menores tasas de depresión;** el número de horas que el bebé duerme está muy relacionado con las que duerme su madre. Recuerda aquello de que para cuidar debemos cuidarnos.

En el cráneo y la cara del recién nacido existen alrededor de sesenta músculos y seis pares de nervios craneales implicados en la coordinación succión-deglución-respiración que pasan a través de pequeños canales entre los huesos del cráneo. La evolución de los períodos más largos de sueño en el lactante corre paralela a la evolución de la alimentación, de manera que durante los primeros cuatro a seis meses de vida la alimentación a demanda es un regulador del sueño del bebé: horarios de alimentación a demanda y horarios de sueño a demanda se complementan, de modo que la leche materna va cumpliendo todas sus funciones nutricionales, afectivas, inmunológicas y, en nuestro caso, de relojera ayudante en el desarrollo armónico del reloj biológico del bebé.

Hoy sabemos que la lactancia materna favorece un desarrollo más armónico de los ritmos circadianos de la temperatura, algunas hormonas y, especialmente, el ritmo vigilia-sueño. De forma que ayuda a la preparación de lo que va a acontecer en el segundo semestre de la vida.

Ya se sienta: comienza la alimentación complementaria

Hacia los cinco-siete meses se producen dos grandes cambios en la vida del bebé: la sedestación (ya se mantiene sentado) y que los músculos de la orofaringe (y su sistema nervioso) están preparados para ingerir alimentos diferentes y, por otro lado, se avanza mucho en la maduración del ritmo circadiano: se inicia la alimentación complementaria (no sustituye la lactancia; la complementa) y, sea cual sea la modalidad que se elija, ello induce la organización progresiva de unos horarios de alimentación, de manera que de forma gradual se va a ir produciendo el paso de la alimentación a demanda del bebé a la alimentación con unos horarios más o menos regulares dirigidos por el entorno.

EL SEGUNDO SEMESTRE DE LA VIDA CONLLEVA ESA REORGANIZACIÓN LENTA Y GRADUAL DE LA DEMANDA DEL BEBÉ A LA DEMANDA DIRIGIDA POR LA MADRE, TANTO EN LA ALIMENTACIÓN COMO EN EL SUEÑO.

Si hacemos este viaje coordinado alimentación-lactancia-sueño y llegamos a los doce-quince meses con estas demandas reguladas de manera armónica, la lactancia materna se convertirá en una ayuda en el buen dormir hasta al menos los dos años o más si continuamos lactando.

Si descoordinamos los ritmos de alimentación y sueño e intentamos regular los ritmos de sueño mientras seguimos con la oferta de pecho «a demanda» pasado este primer semestre, enviamos mensajes contradictorios al reloj biológico central y aumentamos la posibilidad de tener dificultades con el mantenimiento del ritmo continuado de sueño.

LOS DOS RELOJES PRINCIPALES (SUEÑO Y NUTRICIÓN) SE AYUDAN MUTUAMENTE SI FUNCIONAN JUNTOS, PUES LA VIDA ES RITMO; SIN RITMO NO HAY VIDA SALUDABLE.

A estas edades: ¿a qué llamamos dormir toda la noche?

Ahora es el momento de recordar lo que la ciencia entiende hoy en día como «dormir toda la noche» en referencia a un menor de dieciocho meses. Es el sumatorio de tres circunstancias:

1. Período continuado de sueño determinado, variable en cada niño y en cada etapa del desarrollo.
2. Horario de sueño parecido al del resto de la familia.
3. Capacidad de volver a dormirse de manera autónoma tras los despertares fisiológicos que acontecen durante el sueño.

Como habrás ido comprendiendo a lo largo de esta sección, la idea básica que sustenta estas nociones es que lo personal en un tejido cultural es el resultado de sumar tipo de familia, comunidad y otros contextos: «Yo estoy o soy porque estamos o somos», que viene a ser aquello de que para criar a un niño hace falta toda la tribu.

Ya llegamos al final de este capítulo y me sale la vena de los datos (lo siento, son muchos años machacándome con eso de «los datos son los datos» y nos dan las buenas razones). Pienso que algunos te pueden interesar y también tranquilizar cuando veas que tu bebé no es una excepción:

PORCENTAJE DE NIÑOS SANOS CON MÁS DE TRES DESPERTARES NOCTURNOS POR EDAD DURANTE EL PRIMER AÑO

EDAD (MESES)	> 3 DESPERTARES (%)
6	52
7	50,2
8	75
9	51,5
10	41,3
11	48,2
12	52,2

¿Para qué te sirve esta estadística? Para empezar, te puede ayudar a decidir cuándo consultar con tu pediatra.

Te aconsejo que lo hagas si a partir de los seis meses de vida **el tiempo que está despierto, sumando todos esos despertares, es mayor de sesenta minutos en noches repetidas o si se producen cinco o más despertares de manera frecuente.**

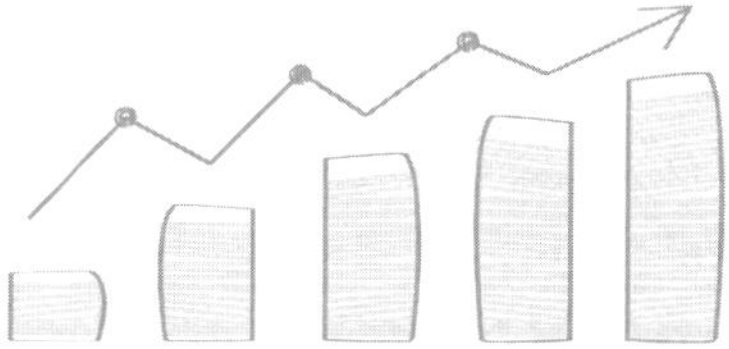

HORAS DE SUEÑO MEDIAS POR EDADES HASTA LOS DOCE MESES

			N.º DE SIESTAS	
EDAD	SUEÑO EN 24 H	SUEÑO DIURNO	MAÑANA	TARDE
1 semana	16 h 30 m	8 h 25 m	1	4
1 mes	15 h 30 m	7 h	1	3
3 meses	15 h	5 h 50 m	1	3
6 meses	14 h 15 m	3 h 45 m	1	3
9 meses	14 h	3 h	0	2
12 meses	13 h 45 m	2 h 50 m	0	2

LA MAYORÍA DE LOS MENORES DE DOCE MESES SANOS SE DESPIERTAN VARIAS VECES EN LA NOCHE. SI ESOS DESPERTARES DE MANERA HABITUAL SUMAN MÁS DE SESENTA MINUTOS EN EL PERÍODO DE SUEÑO, ES CONVENIENTE CONSULTAR CON EL PROFESIONAL FORMADO.

Para terminar este primer año, puede que nos ayude a todos, a la hora de valorar la agenda de sueño, el utilizar esta tabla de valoración que diseñamos hace ya algunos años y utilizamos en nuestra unidad (no es que quiera que todos seamos profesionales de esto, pero a veces, cuando valoramos en casa la agenda, vemos que en realidad las cosas son mejores de lo que creíamos; nos ocurre a menudo, pues los seres humanos tenemos la costumbre de recordar más lo malo que lo bueno):

	Valoración. Agenda de sueño pediátrica	SÍ	NO
1	Latencia del sueño superior a 30 minutos (al menos el 30 % de los días)		
2	Regularidad de inicio del sueño nocturno (más del 70 % de los días)		
3	Regularidad de inicio de las siestas (más del 70 % de los días)		
4	Regularidad del despertar matinal (más del 70 % de los días)		
5	Regularidad del despertar de las siestas (más del 70 % de los días)		
6	Siestas posteriores a las 17.30 h (más del 30 % de los días)		
7	Presencia de más de tres despertares (más de 3 días a la semana)		
8	Vigilia intrasueño de al menos 60 minutos (al menos el 30 % de los días)		
9	Horas de sueño: por encima del percentil 97 o por debajo del percentil 3		

Interpretación
Respuesta positiva a 1, 6, 7, 8, 9: consultar con el pediatra.
Respuesta negativa a 2, 3, 4, 5: consultar con el pediatra.

Los percentiles de sueño están en la imagen anterior.

¡NO TE CONFUNDAS!

Ay, los dientes...

Algo se me está pasando..., ¿verdad que sí? ¿Qué será?

Le doy vueltas y vueltas: mi subconsciente es listo y me ha guardado en un cajón perdido el tema de los dientes y el sueño.

Esta es una lista que he encontrado en redes sobre qué hacer para mejorar el sueño alterado por la dentición:

1. Dar masajes en las encías.
2. Ofrecer alimentos blandos y fríos.
3. Limpiar la cara.
4. Dar mordedores.
5. Establecer rutinas de sueño.
6. Preparar baños relajantes.

Hay consejos de todas las clases, lo sé, pero si ahora quieres mi consejo, vamos a lo importante: **olvida esta lista y suma más horas de sueño perdidas.**

Como con cualquier proceso que estrese al niño (dientes, viajes, canguro nuevo, inicio de la escuela infantil...), durante esos días puede estar más inquieto o llorón, pero **no tenemos evidencias científicas de la relación erupción dentaria-insomnio infantil,** y desconozco quién inventó esta lista y en qué datos se basó para confeccionarla.

3

Somos autónomos, no independientes

El sueño de los dos a los cinco años[1]

[1] Los datos de este capítulo los he obtenido a base de estudios propios y, además, gracias a las aportaciones de la tesis doctoral de la doctora A. Olloqui, *Estudio de hábitos de sueño en niños preescolares de 3 a 4 años en la ciudad de Logroño*, Universidad de Zaragoza, 2016.

Si es bueno vivir, todavía es mejor soñar
y lo mejor de todo, despertar.
ANTONIO MACHADO

¿Cómo es su sueño?

Como hemos ido viendo, en los dos primeros años de vida la evolución del sueño tiene múltiples fases y variaciones, tanto entre las distintas familias como en un mismo niño. Este sueño no homogéneo y variable refleja la variabilidad en la maduración neurológica de cada niño (recuerda eso de que el sueño en sí es la verdadera ventana que nos permite mirar por dentro la maduración del bebé).

Esta variabilidad neurológica, junto con otras muchas cosas que hemos ido descubriendo en estas páginas, contribuye a que los patrones de sueño sean tan diferentes en unos y otros.

A partir del segundo año de vida entramos en una fase en la que disminuye esa variabilidad; ¡ojo, disminuir no es desaparecer! Los cambios en la forma de dormir son más lentos y graduales y no tan vertiginosos como el primer año; entramos en una etapa aparentemente de más calma..., o eso quisiéramos.

Algo que creo que es importante y que en muchas ocasiones no se tiene en cuenta es que, cuando os reunáis varias familias, debéis tener cuidado con las famosas comparaciones.

No todos los niños son iguales. En relación con el sueño podemos distinguir, al menos, cuatro comportamientos o patrones diferentes (es otra razón para cuestionarnos las famosas «ventanas» del sueño):

1. **Algunos niños llegan a los dos años con un percentil bajo de sueño de una manera persistente.** Estos niños a los dos o tres años pueden tener más inestabilidad emocional y pasar de un estado de tranquilidad a irritabilidad de forma casi automática y sin razón aparente: recuerda lo del famoso doctor Jekyll y míster Hyde. Estoy seguro de que los famosos científicos más pronto o más tarde nos explicarán el porqué de ello.
2. **Otro grupo de niños comienza este segundo año en un percentil bajo de sueño y poco a poco van aumentando sus necesidades de sueño** a partir de los tres o cuatro años. Esto puede ocurrir hasta en un 30 % de los niños.
3. **También hay un grupo que de modo persistente duerme alrededor de diez horas estos primeros años...,** pero con despertares en esas horas.
4. Por último, **otro grupo duerme once horas de manera persistente los primeros años, con sus correspondientes despertares.** Esto lo hace aproximadamente el 30 %.

¿Y las famosas siestas?

Yo soy un verdadero fan de la siesta. Confieso que la practico siempre que puedo —y cuando no puedo, también—. Pero en el caso de los niños en las edades que nos ocupan, hay una máxima que debemos tener en cuenta:

LA SIESTA
ES UN DERECHO DE TODO NIÑO
HASTA LOS CINCO AÑOS.

El sistema que las regula, es decir, el famoso sistema de la presión de sueño, del que ya hablamos en el capítulo 1, va madurando y más o menos alcanza su madurez alrededor de los cuatro o cinco años. Por ello, durante los dos o tres primeros años continúan con las siestas diurnas, y es a partir de los cuatro o cinco años de edad cuando la desaparición de esas siestas se generaliza y hay ya un único período nocturno de sueño.

Dos años

* Uno de cada cuatro niños hace dos siestas por día.
* Un poco más de la mitad (el 66 %, para los amantes de las cifras) hacen una única siesta al día.
* Algunos (el 8 %, más o menos) las hacen solo unos días, dos o tres veces a la semana.

Cuatro años

* No suelen dormir siesta cada día.
* Solo la mitad de ellos la duerme una o dos veces a la semana.

A partir de los cinco años las siestas son excepcionales

Te habrás dado cuenta de que no te he contado cuánto deben durar esas siestas. Eso me alegra, no te estoy aburriendo. La respuesta es sencilla y complicada al mismo tiempo: cada niño tiene una duración de siesta personalizada que debemos respetar (de diez a noventa minutos).

¿Cuánto duermen por la noche?

Ya hemos dicho que su sueño es menos variable y más estable, aunque pueden persistir los despertares.

> EN GENERAL, ENTRE LOS DOS Y LOS CINCO AÑOS EL SUEÑO NOCTURNO SUELE SER DE ONCE HORAS DE MEDIA, PERO NO OLVIDES QUE ESTA ES UNA CIFRA ORIENTATIVA.

Por ejemplo, en uno de cada diez niños puede alargarse hasta un poco más de doce horas y, al mismo tiempo, también en uno de cada diez se acorta, y se da un sueño de menos de nueve horas y media.

La regla de oro que no podemos olvidar es que, **por norma general, se produce una disminución del tiempo total de sueño de veinte minutos por cada año de edad.** Si observamos cuánto tiempo de sueño necesita cada uno de nuestros hijos y respetamos esas necesidades, facilitamos un buen sueño. Seguro que tienes claro que cada uno precisa una cantidad de comida; pues con el sueño ocurre lo mismo.

¿Cómo duermen?

Para responder a esta pregunta podemos fijarnos en varias cosas. La primera de ellas son los **ciclos de sueño y sus movimientos.**

Los ciclos de sueño se van alargando. Recordemos: el paso del sueño NREM o del valle al sueño REM, el de la cima y ojos en movimiento, y después a otro sueño NREM o del valle es lo que llamamos *ciclo del sueño* (mira el ya famoso capítulo 1).

Recuerda que cada cambio de ciclo se puede acompañar de períodos de movimientos (ojo, no lo confundas con despertares), de manera que, si los ciclos se alargan, esos períodos de movimientos durante el sueño se irán retrasando.

* A los dos años, los ciclos duran sesenta minutos.
* A partir de los cuatro o cinco años ya se parecen a los del adulto y duran noventa minutos.

Típicamente, los niños a esta edad suelen tener siete ciclos de sueño durante cada período de sueño nocturno. La transición entre los diferentes ciclos es más regular y más tranquila: pueden tener períodos de movimientos al menos siete veces cada noche, aunque cada vez son más tranquilos y suaves.

El otro indicador relevante son los **despertares nocturnos,** y siento confesarte que, te hayan contado lo que te hayan contado acerca de responder o no a esas llamadas en medio de la noche, lo cierto es que en estos despertares nuestros hijos necesitan nuestra atención. Aunque con los años van disminuyendo, todavía persisten:

* A los dos años, el 20 % de los niños presentan despertares.
* A los tres años, los presenta el 14 %.

En estas edades, el papel psicológico y social en el sueño va adquiriendo más relevancia dentro del equilibrio ecobiopsicosocial del sueño, por lo que entramos en la fase de las pesadillas, los miedos y las dificultades de inicio del sueño.

Sin embargo, saber que esto entra dentro de la normalidad no debe distraernos del hecho de que, **a partir de los dos años, si se producen más de tres despertares nocturnos de manera frecuente, debería realizarse una consulta al pediatra** para tratar de dar con los posibles motivos. Esto ocurre en alrededor del 2 % de los niños.

El apego y el sueño

Pensándolo bien, lo cierto es que **tanto el sueño como la relación de apego/vínculo son dos procesos que maduran de forma paralela durante los primeros años de la vida,** y además el desarrollo de los mecanismos que los regulan se superpone. Lo lógico sería que debido a esa coincidencia en el tiempo, un proceso (el apego) influya en el otro (el sueño), o al revés.

Según lo definió Bowlby en 1979:[2]

> EL APEGO ES LA UNIÓN EMOCIONAL
> ENTRE EL NIÑO Y SUS CUIDADORES,
> GENERALMENTE SU MADRE, SU PADRE O AMBOS.

Su máximo desarrollo se produce alrededor del tercer año de vida. Explicarlo todo al respecto supondría escribir un libro distinto, así que quede esto como una invitación a la directora de la colección y a la editorial.

Digamos únicamente que el apego puede ser de dos tipos o formas según los niños sientan a sus padres como sensibles, consistentes en sus respuestas y reactivos a sus necesidades, sin agobiar, o los sientan fríos, impredecibles o insensibles a sus necesidades.

[2] J. Bowlby, «The Bowlby-Ainsworth attachment theory», *Behavioral and Brain Sciences*, 1979, 2 (4), pp. 637-638.

En el primer caso se desarrolla el **apego seguro** y el niño se siente seguro de sí mismo y de sus posibilidades, y puede explorar su ambiente siendo autónomo (que no independiente), sin una necesidad continua de la presencia de la persona referente.

En el segundo caso se desarrolla el llamado **apego inseguro,** el niño se encuentra inseguro de sí mismo y del ambiente que le rodea, necesita la presencia o acompañamiento de la persona referente en cada intento de exploración o para su consuelo, aunque incluso con la persona referente se encuentra inseguro, se angustia y protesta.

Esta situación es el típico ejemplo de las trampas en las que a veces nos metemos los padres inconscientemente. **Queremos proteger y cuidar tanto que a veces complicamos el desarrollo del niño.** Esto es como sujetar en la mano cerrada una pastilla de jabón mojada: si aprieto mucho saldrá despedida, si aprieto poco se resbalará: tengo que encontrar la presión adecuada, ni mucha ni poca. En nuestro caso **tenemos que encontrar el apoyo adecuado: ni mucho ni poco.** Reconozco que no es fácil.

Posteriormente, se ha visto que esto del apego tiene mucha relación con el desarrollo de la regulación emocional. Por ejemplo, el niño con un apego seguro puede fácilmente regular su estrés una vez que la situación de riesgo ha pasado, mientras que el niño con apego inseguro tiene más dificultades para ello.

Por otro lado, y para recordarnos aquello de que «para cuidar primero debemos cuidarnos», hoy **está demostrado que la calidad del sueño materno durante la noche**

se correlaciona con la seguridad del vínculo emocional entre madres e hijos, y que los patrones de sueño de las madres durante los primeros seis meses de vida del bebé tienen un impacto en la calidad del cuidado materno.

De manera que el déficit de sueño de los progenitores (recuerda lo de las setecientas horas y que la crianza respetuosa debe ser respetuosa con el niño, pero también con los cuidadores) puede poner en riesgo el desarrollo socioemocional infantil y la crianza de los pequeños.

La higiene y los hábitos del sueño de los padres y madres deben ser un enfoque destacado en la crianza, ya que las conductas imprevisibles de los padres (que favorecen un apego dependiente) y la ausencia de rutinas pueden afectar a una óptima formación de circuitos neuronales en los niños.

El sueño materno/paterno de mala calidad e insuficiente puede explicar una variación sustancial en la crianza positiva, más allá de otras formas de estrés, en familias relativamente sanas a nivel psicológico.

¡NO TE CONFUNDAS!

La experiencia de los kibutz

Hace ya algunos años estaba estudiando cómo dormían los niños en los kibutz israelíes (en aquel momento no tenía ni idea de esto del vínculo; otro déficit de la formación del médico) y hubo un dato que me llamó la atención y no entendía bien.

Los kibutz consistían en **comunas agrícolas en las que vivían todos juntos y en las que tanto los medios de producción como los servicios y demás bienes pertenecían a todos los miembros.**

Los había de dos tipos: en unos cada una de las familias tenía habitáculos donde pasar la noche en familia, y en otros todos los niños del kibutz dormían juntos y eran cuidados rotativamente por uno o dos adultos (de tal forma que había noches que estaban bajo el cuidado de una persona prácticamente desconocida para el niño).

Pues bien, en este segundo caso era mucho más frecuente el desarrollo de un vínculo ansioso-inseguro con sus madres y más problemas con el sueño que cuando la familia tenía su propio habitáculo; los científicos[3] piensan que esto sucedía por no poder tener acceso a su figura de apego por las noches.

Entonces no lo sabía, pero luego **entendí que, evidentemente, apego y sueño están íntimamente relacionados.** Sueño y apego son primos hermanos que se llevan muy bien... o muy mal.

Los científicos han visto en diferentes estudios que los niños de alrededor de quince meses con un apego dependiente tienen más despertares y estos son más intensos y duran más tiempo. A los dos años de vida, **a mayor**

[3] A. Sagi, *et al.*, «Parent-infant interaction in families on Israeli kibbutzim», *International Journal of Behavioral Development*, 1985, 8 (3), pp. 273-284.

grado de apego seguro con la madre o el padre, mejor calidad del sueño.

¿Recuerdas aquello de que la higiene del sueño es la higiene de las veinticuatro horas y que empieza cuando nos levantamos? Pues esa es la clave. Nuestra relación durante el día con nuestro lactante es importante. Si le dejamos explorar y le atendemos siempre más o menos de la misma manera e intensidad, además de otras muchas cosas, estaremos previniendo paseos nocturnos.

Los científicos opinan hoy en día que los problemas con el sueño (negarse a acostarse, visitas nocturnas inesperadas, despertares nocturnos...) son, en muchos casos, manifestaciones de conducta relacionadas con el desarrollo del vínculo, de la misma manera que las reacciones emocionales diurnas ante la desaparición o separación de la persona de referencia.

Nuestra relación diurna con nuestro hijo, dejarle investigar su medio ambiente y permitir su desarrollo autónomo ayudan a prevenir, en parte, los problemas con el sueño.

ESTABLECER UN VÍNCULO SEGURO FAVORECE LA MADURACIÓN AUTÓNOMA DEL SUEÑO.

Los terrores del sueño y las pesadillas

Llega esta edad en la que los terrores del sueño y las pesadillas empiezan a hacer acto de presencia y a alterar nuestras noches, y lo primero que debemos tener claro es que **estas dos cosas, si bien se parecen, no son lo mismo.**

Juan ha cumplido tres años y medio, va al colegio contento, come bien; viene a la consulta porque lleva quince días con tos y mocos, y desde ayer está con 38,3 °C de temperatura a pesar de darle el antitérmico.

Tras explorarle y recomendar lo que correspondía para ese proceso, la madre me comenta, ya que está en la consulta, que desde hace dos meses Juan llora de manera inconsolable por la noche de dos a tres veces por semana; no hay forma de calmarlo, a veces tardan más de treinta minutos en hacerlo. Desde que está con los mocos y un jarabe «natural» que compró, esos episodios son más frecuentes e intensos. Por otro lado, por el día está como si nada y en el colegio le han dicho que lo ven bien. ¡Ya no saben qué hacer!

Como casi siempre, la dicha nunca es completa. **Pensábamos que ya habíamos pasado lo peor, en esta época los despertares son menores, generalmente el rechazo a dormirse es más manejable** (tenemos más herramientas para hacerlo, como veremos más adelante), así que vivimos un período de paz..., pero entonces, entre los tres y los cinco años, la cosa cambia. En estas edades, nuestros hijos tienen una imaginación muy activa, estamos en plena edad de las pesadillas (casi el 50 % de los niños de tres a cinco años suelen tenerlas) y terrores nocturnos. A estos eventos los llamamos *parasomnias,* que significa 'alrededor del sueño'.

Son movimientos anormales o antinaturales, comportamientos, emociones, percepciones y sueños que se producen mientras el niño se queda dormido o en las fases del sueño. El déficit de sueño o una enfermedad suelen ser desencadenantes frecuentes, por lo que su aparición muchas veces coincide con la retirada de la siesta de manera brusca y sin tener en cuenta las necesidades de los niños, con la aparición a las pocas horas de un proceso febril o con el uso de algunos medicamentos.

RETIRAR LA SIESTA DE MANERA BRUSCA ES UNA DE LAS CAUSAS MÁS FRECUENTES DE APARICIÓN DE PESADILLAS O TERRORES DEL SUEÑO.

Seguro que esta nueva situación te produce un montón de dudas: «¿Qué le pasa a Juan?», «¿Qué hago mal?», «¿Son pesadillas o son terrores del sueño?», «¿Cómo lo puedo saber?», «¿Por qué le pasa?», «¿Qué hago?», «¿Qué le doy?», «¿Cuándo consulto con su pediatra?».

Las pesadillas son una parasomnia que se produce en la fase REM, en la que estamos reviviendo y guardando en nuestra memoria lo que hemos vivido por el día. Recuerda que esta fase del sueño es más frecuente al final de la noche.

Por otro lado, los terrores del sueño son una parasomnia que se produce en el sueño NREM, el del inicio de la noche y el valle profundo. En ambas situaciones, de pronto, chillan, lloran...; es decir, **hacen casi lo mismo, pero su significado es diferente.**

Los terrores se dan con un «cerebro durmiendo en un cuerpo despierto», de manera que no hay control ni afectividad, porque su cerebro sigue durmiendo; prueba de ello es que al día siguiente no recuerdan el evento. Se estima que alrededor del 2 % de los adultos, el 37 % de los niños a los dieciocho meses de edad, y alrededor del 20 % de los niños a los treinta meses han experimentado un episodio de terror nocturno.[4]

Las pesadillas, al contrario, se producen con un «cerebro despierto en un cuerpo medio dormido». En este caso, lo que ocurre es que reviven algo que les ha llamado consciente o inconscientemente la atención; su cerebro está despierto, por lo que sí hay sufrimiento y recuerdo al día siguiente.

Para intentar ayudar en este lío de cosas parecidas pero distintas, y para tratar de distinguir entre una y otra, he confeccionado este cuadro. Evidentemente, en caso de duda el pediatra te puede ayudar, y mucho:

[4] Asociación Americana de Psiquiatría, 2013.

	PESADILLAS	TERRORES DEL SUEÑO
CUÁNDO	• Último tercio de la noche	• Primer tercio o inicio del segundo tercio de la noche
MANIFESTACIÓN	• Llanto inconsolable • Inquietud • Demanda	• Llanto inconsolable • Inquietud • Ojos muy abiertos y fijos
RESPUESTA A LA PRESENCIA ADULTA	• Demanda atención	• Ignora • Se irrita
RESPUESTA A LOS INTENTOS DE CALMARLE	• Acepta, se va calmando • Cuerpo y cerebro despiertos	• Ignora • Se irrita más • Cuerpo despierto, cerebro dormido
RECUERDO AL DÍA SIGUIENTE	• Lo recuerda	• No lo recuerda
FRECUENCIA	• Variable	• No más de 1 vez en la noche
ANTECEDENTES FAMILIARES	• Variable	• Frecuente
ACTITUD RECOMENDADA EN EL ADULTO	• Calmar, consolar, contacto • Comentarlo al día siguiente	• Observar • Evitar autolesiones • No despertar ni atosigar • No comentar al día siguiente

Insisto, es una ayuda: en caso de duda es conveniente consultar con el pediatra, que es el profesional preparado para echar una mano en esto, pero mientras tanto, ¿qué hacemos? Podemos dividir nuestra actuación en unas cuantas fases:

1. Mantener la calma.
2. Mirar la hora:
   * Hace entre sesenta y noventa minutos que se durmió: me apunto a terrores.
   * Ya lleva muchas horas durmiendo: me apunto a pesadillas.
3. Ver cómo responde:
   * Cada vez que le hablo o le cojo se enfada más: me apunto a terrores.
   * Cuando le hablo o le cojo se calma más o menos fácilmente: me apunto a pesadillas.
4. Actuar:
   * Si me he apuntado más veces a terrores: miro, observo, callo... y sufro yo, no él. Cuando veo que se va tranquilizando (puede tardar entre veinte y treinta minutos), actúo con calma y caricias.
   * Si me he apuntado más veces a pesadillas: le calmo de la mejor manera que pueda y, una vez tranquilo, le ayudo a reiniciar el sueño.
5. A la mañana siguiente:
   * Si se trataba de un terror del sueño: no hago nada. Si son muy frecuentes, repaso los horarios y el tiempo de sueño.
   * Si se trataba de una pesadilla: lo comentamos con calma. Si son muy frecuentes: controlo la tecnología/pantallas a las que tiene acceso, hablo con el tutor escolar, reviso la dinámica familiar y, si es necesario, hablo con su pediatra.

Estas cosas de verdad que son muy aparatosas, pero es importante guardar la calma porque, en general, todas o casi todas tienden a ir desapareciendo de manera espontánea a partir de los diez años en un alto porcentaje que te expongo aquí:[5]

* **Hacerse pipí en la cama o enuresis:** el 70,8 % de las veces desaparecen solas.
* **Terror del sueño:** prácticamente el 100 %.
* **Sonambulismo:** más de la mitad desaparecen solas sin hacer nada (el 64,8 % para los amantes de los números).
* **Hablar de noche o soliloquia:** desaparece en el 50 % de las situaciones.

Si los eventos son **más de uno en la noche,** no puedo determinar que tengan un horario fijo —con lo que no puedo distinguir entre una cosa u otra— o su actuación es muy diferente en ellos, debo consultar con su pediatra. En cualquier caso, **la persistencia en el tiempo o la aparición de síntomas de cansancio diurnos nos obligarán a consultar con su pediatra.**

Siestas y conductas nocturnas, ¿algo que ver?

La idea de la que parto y me gustaría dejar clara es: **hoy sabemos que las siestas son muy importantes para el de-**

[5] Oscar Furet, James L. Goodwin, Stuart F. Quan, «Incidence and remission of parasomnias among adolescent children in the Tucson Children's Assessment of Sleep Apnea (TuCASA) study», *Southwest Journal of Pulmonary and Critical Care*, 2011, 2, pp. 93-101.

sarrollo cognitivo y la adquisición de la memoria. Es necesario que las respetemos y demos a los niños y las niñas la oportunidad de dormir siesta. Como adultos, es nuestra responsabilidad ofrecerles la posibilidad de dormir la siesta a una hora que no altere después su sueño nocturno, y será nuestro pequeño quien decidirá si la duerme y cuánto dura.

Pero ¿por qué necesitan siesta a estas edades? Tenemos al menos tres razones conocidas:

La velocidad de la presión de sueño. Cuando estamos despiertos, vamos acumulando necesidad de dormir (igual que cuando estamos horas sin comer vamos acumulando hambre). Los niños hasta los cinco años acumulan esa necesidad de dormir o presión de sueño de una manera más rápida, y por eso necesitan disminuir dicha presión con las siestas durante el día.

Por esta misma razón, si hacen la siesta muy cerca de la hora de acostarse, se puede retrasar la necesidad o posibilidad de que se duerman por la noche; debemos permitir que se acumule suficiente presión de sueño al llegar la noche.

Cuidar su memoria. Las siestas a estas edades preparan el cerebro emocional del niño y lo hacen para facilitar que durante el sueño nocturno se pueda guardar en la memoria las cosas que aprendió por el día.

Las siestas son como paradas en el taller que les permiten volver a poner a punto todo su organismo para las horas siguientes hasta el sueño de la noche. Con el desarrollo de su cerebro, su autonomía creciente les permitirá no tener que hacer esas paradas con tanta frecuencia, hasta que finalmente las supriman: siestas y maduración cerebral van en paralelo.

Quitarle a Juan la siesta antes de que su cerebro esté preparado es dificultarle su desarrollo y su aprendizaje. No debería ocurrir nunca.

Terrores del sueño. Quitar la siesta antes de que el cerebro esté preparado favorece la aparición de estas situaciones.

Entonces, ¿cuándo desaparecen espontáneamente estas siestas? La respuesta a esta pregunta es muy variable y depende de dos factores:

* Del momento en el que **el mecanismo que regula la presión de sueño alcanza una maduración parecida a la del adulto.** Varía entre los tres y los cinco años.
* De su **desarrollo neurocognitivo.**

De manera que, por un lado, cada niño la retirará en una edad diferente y, por el otro, lo van haciendo progresivamente. De este modo, a los dos años el 25 % de los niños hacen dos siestas; 66 %, una, y el 8 % ya no la duermen o lo hacen de manera irregular. A los cuatro años hasta un 37 % de ellos harían siesta si los dejáramos. **Las siestas son muy importantes para el sistema nervioso en desarrollo del niño; no deberíamos quitarlas bruscamente por real decreto, sino permitir que sean ellos quienes, a su ritmo, las retiren.**

Volviendo a Juan: vimos que los llantos se producían más o menos entre los cincuenta y setenta minutos después de dormirse, su conducta empeoraba cuando sus padres intentaban calmarle y al día siguiente estaba perfecto. Nunca tenía más de un episodio en una noche. Curiosamente, los fines de semana nunca tenía esos episodios de llanto nocturno.

A mí, que no dormía en esa casa, esos datos me dejaban tranquilo, y eso comenté. Además, ya sabía cómo dormía la mamá de Juan de pequeña y aproveché una visita para preguntarle a la abuela paterna cómo dormía el padre de Juan de pequeño, y me comentó que muy mal porque lloraba como si fuera un extraterrestre (la verdad es que no sé cómo sabía ella la forma de llorar de los extraterrestres).

Todos los datos nos hacían pensar en terrores del sueño, pues tienen mucha carga de herencia. Buscamos más cosas y, al final, se dieron cuenta de que todo empezó al poco de retirar la siesta y que empeoraba con los catarros y el jarabe natural.

No podíamos retomar la siesta porque en el colegio, a los «mayores» de tres años, por falta de conocimiento, les cambiaban la siesta por ejercicios de no recuerdo qué; pero sí podíamos no volver a darle ese jarabe (ni ninguno sin prescripción) e intentar alargar el sueño nocturno iniciándolo un poco antes, hasta conseguir unos veinte minutos más de sueño al día entre semana (como veremos más tarde, el uso de las pantallas jugó también su papel).

Cuando conseguimos esos veinte minutos más de sueño nocturno (nos costó algunas semanas ir adelantando muy poco a poco la hora de baño, cena y de acostarse), la frecuencia e intensidad de los llantos bajó, aunque estos no desaparecieron salvo en los períodos de vacaciones, en los que hacía la siesta.

«Ahora que está oscuro, ¿me quedo solo?» El miedo a la oscuridad

Hay que tener en cuenta también que a estas edades, en muchos sentidos, a veces se juntan el hambre con las ganas de comer.

El miedo nocturno es frecuente; ya han desarrollado la capacidad de reconocer que pueden ser agredidos, especialmente por personajes monstruosos producto de su imaginación. **Es el tiempo del miedo a la oscuridad... y la consiguiente ansiedad ante la noche, que desemboca en un estado de hiperalerta en el momento de acostarse.**

Otro factor coincidente, aunque diferente, es la llamada *hora prohibida*. Muchos niños a estas edades experimentan un repunte de actividad a última hora de la tarde que aumenta su resistencia a acostarse. Si esto ocurre, el secreto es iniciar la rutina antes de esa hora prohibida.

No podemos olvidar que:

* Dormir y estar alerta son dos procesos incompatibles.
* Dormir y estar inseguro son dos procesos incompatibles.

Por otro lado, el horario escolar en ocasiones puede provocar cambios importantes en sus horarios de sueño, al tener que madrugar más. Estos cambios pueden acompañarse de alteraciones del sueño pasajeras que, dependiendo de nuestra respuesta, pueden perpetuarse o no.

En definitiva, **alrededor del 27 % de los niños de dos a cuatro años tienen dificultades para irse a dormir.** En algunos estudios, cuando se pregunta a los padres, casi el 17 % considera que su hijo por el día está cansado a causa de sus problemas para dormir. La verdad es que una cuestión que afectara al 17 % de la población adulta se consideraría un verdadero problema de salud pública..., pero en nuestro caso es un problema de salud y sufrimiento intrafamiliar, al menos de momento.

No podemos perder de vista el día: antes de empezar a cambiar cosas en la noche hay que valorar lo que hacemos durante el resto del día, los miedos y preocupaciones. **La noche es parte del día y la rutina del sueño comienza con el despertar** (creo que ya lo he dicho muchas veces). Además de nuestra actitud durante el día, es muy importante qué hacemos por la noche. Mediante sistemas de monitorización en casa, los científicos han demostrado que, en niños de cuatro a seis años con miedos nocturnos, la actitud más eficaz es la presencia temporal de los padres en la habitación del niño acompañándole, calmándole y no reintroducirle en la habitación paterna/colecho, pues estos últimos tienen mayor número de despertares nocturnos, menor porcentaje de sueño real y les cuesta más superar los miedos.[6] Te lo dejo reflejado en esta tabla:

Edad 4-6 años	Colecho (n = 85)	Presencia limitada (n = 19)	F
Período de sueño (min)	568,5 +/- 31,9	566,3 +/- 4,2	NS
Sueño real (min)	504,7 +/- 37,6	523 +/- 37,7	NS
N.° de despertares	3 +/- 1,3	2,1 +/- 0,8	8,4*
Porcentaje de sueño	88,9 +/- 5	92,5 +/- 2,2	9*

*p < 0,01

[6] J. Kushnir, A. Sadeh, «Sleep of preschool children with-time fears», *Sleep Medicine*, 2011, 12, pp. 870-874.

Como ves, el secreto es el que ya comentamos al principio del libro: acompañar con cariño en su maduración manteniendo una actitud educativa y afectiva clara.

Aunque no lo creas, es cierto: **en nuestro país cerca del 20 % de los niños de esta edad no tienen un horario regular de ir a dormir.** ¿Te acuerdas del capítulo 1 y del concepto de *kairós*? **La vida es ritmo. Sin ritmo no puede haber vida y, si la hay, es de peor calidad.**

Manual práctico para hacer desaparecer los monstruos

¿Qué podemos hacer contra esos monstruos que se niegan a irse? El primer paso, por supuesto, es procurar no ser de ese 20 % de las familias que aún no tienen establecidos unos horarios regulares.

En segundo lugar, debes saber que **en muchas ocasiones basta nuestra tranquilidad y acompañamiento para ir superando esos miedos.** Al mismo tiempo, podemos aprovechar la imaginación del pequeño y utilizar en su habitación el «espray de hacer desaparecer monstruos» que habremos confeccionado previamente con agua clara y limpia.

El siguiente paso podría ser pedirle que nos dibuje el monstruo en cuestión. Junto a él, podemos ir redibujándolo hasta convertirlo en un personaje simpático y agradable que nos ayuda y cuida de nuestro sueño.

Durante el día podemos jugar a la búsqueda del tesoro incrementando cada día un poco la oscuridad en el hogar o en una estancia. Podemos animarlos a buscar en la penumbra o en la oscuridad, con una linterna cada vez menos potente, algún pequeño regalo que previamente hemos escondido. El objetivo es que se habitúe a la oscuridad del hogar.

Pero, ante todo, ¿qué **no** haremos? Buscar el monstruo en el armario o debajo de la cama para demostrar que no está... Porque «claro que ya no está, pero eso es ahora. Si lo buscas es porque **puede estar** en algún momento, cuando tú, mamá, ya no estés, cuando esté yo solo: ¿entiendes por qué estoy inseguro?». Aunque lo hagamos con buena intención, cuando buscamos, le transmitimos inseguridad. El miedo es algo innato en el ser humano; nos ha permitido la supervivencia como especie. No es malo, pero conviene aprender a manejarlo y desarrollar la capacidad de sentirnos seguros y tranquilos ante situaciones de temor. Ese es nuestro trabajo: transmitirles seguridad y confianza para que puedan controlarlo por ellos mismos. No negar su existencia.

Evidentemente, lo que no haremos es obligarle a permanecer en la habitación sin ayuda.

Higiene del sueño: las tres fases

Espero haber sido capaz hasta ahora de convencerte de que la higiene del sueño es la higiene de las veinticuatro horas del día, no solo de lo que hacemos al llegar la noche para conseguir que todos podamos dormir.

Dicho esto, bajando al terreno de lo práctico, **la higiene del sueño a estas edades, hoy en día, la dividimos en tres partes:**

1. Higiene durante el día

* Desayuno equilibrado en una habitación bien iluminada.
* Acudir al centro escolar andando, en bicicleta... o aparcar el coche a diez minutos del centro.
* Mantener horarios de alimentación regulares. La cena al menos una hora antes del inicio de la segunda fase de la higiene de sueño.
* Incrementar la exposición a la luz natural a mediodía.
* Aumentar todo lo posible el contacto con la naturaleza: parques, playa, bosques, animales de compañía, granjas...
* Evitar la actividad física vigorosa al menos una hora antes de la cena.
* Evitar el uso de pantallas interactivas al menos una hora antes de la cena.
* Aunque no viene a cuento (o sí), deberíamos evitar que la pantalla sea el principal elemento lúdico. La tecnología no es mala ni buena; debemos enseñar cuándo, cómo y dónde se debe utilizar (evidentemente, para enseñar debemos dar ejemplo).

2. *Período de desactivación*

* Comienza tras la cena.
* Se realiza fuera del dormitorio.
* Su objetivo es desactivarnos todos, tranquilizarnos, iniciar la desconexión.
* No tiene una duración determinada, es un momento de afectividad y contacto.
* Luz ambiental cálida.
* Juegos tranquilos, leer cuentos...

3. *Higiene del sueño propiamente dicha*

* Comienza una vez que hemos logrado la tranquilidad.
* Se realiza en el dormitorio.
* Duración aproximada: de veinte a treinta minutos. Si tras ello no ha iniciado el sueño, volvemos a iniciar la desactivación (fuera del dormitorio).
* Contamos una historia (preferiblemente sin cuento de papel y, evidentemente, sin móvil, *tablet* o cualquier otra fuente de luz): es volver a la tradición oral.
* La mejor técnica relajante es diferente para cada familia.
* Dependiendo de la familia, llegamos a la somnolencia o al sueño completo.

Pero no quiere ir a dormir: ¿qué hago?

Antes de empezar a hacer cosas para que vea el sueño como un amigo y no como una dura separación, un pequeño recordatorio de los factores que ayudan a dormir a estas edades.

Factor circadiano: melatonina y luz

Recuerda que en el capítulo 1 hablamos de la melatonina como el mensajero que envía el cerebro por todo el cuerpo anunciando que va a llegar la hora de dormir.

Nuestro cuerpo en esto es un poco lento y necesita alrededor de dos horas después de este anuncio para estar perfectamente preparado para dormir (es el período de desactivación del que hablábamos).

Sobre todo recuerda que para que la melatonina cumpla su papel de mensajero y nuestro cuerpo pueda prepararse para dormir necesitan una ayuda muy importante: que disminuyamos la luz y utilicemos luz cálida (de color naranja) esas dos horas previas.

La presión de sueño y siestas

Si hace una siesta tarde, no tendrá presión de sueño a la hora concretada para iniciar el sueño de la noche. Si esto ocurre de manera esporádica, la mejor táctica no es pelearnos para que se duerma a la hora de siempre. Lo mejor es entender que no puede hacerlo y retrasar prudentemente la segunda y tercera fase de la rutina del sueño... A mayor número de horas de vigilia previas, mayor facilidad para dormirse.

Si la siesta tardía es la norma, antes de pelearnos para que se duerma a determinada hora, lo mejor es revisar los horarios de todo el día y ajustarlos, así como acomodar temporalmente el inicio del sueño nocturno de manera que al menos haya un período de tres horas desde el final de la última siesta.

Revalorar el dormitorio

Examinar la luz, el ruido y la temperatura. Sitúate en su dormitorio y desde su cama o cuna mira los objetos a oscuras. A veces un peluche muy bonito por el día puede tener un aspecto «diferente» en la oscuridad.

Factor educativo: hábitos de vida saludables

Te recomiendo repasar el apartado del apego: «¿Qué tipo de apego estoy estableciendo?», «Cuando estamos en casa juntos, ¿siempre tengo que estar en su campo visual?», «¿No puedo ir al baño sola o solo?».

Revisar horarios de comidas y de actividad física o mental vigorosa: «¿Ha habido algún cambio en su vida o en el ambiente?».

Factor de estrés y afectividad

Si la melatonina es el mensajero del sueño, el cortisol es el mensajero de lo contrario. En la batalla melatonina-cortisol de última hora de la tarde, a estas edades casi siempre gana el cortisol.

Esos no son los mejores momentos de exigir o corregir; son las horas de afectividad tranquila. La corrección de conductas y exigencias es mejor hacerla por la mañana: «Deberías haber..., pero ya lo hablamos mañana; ahora te voy a contar una historia...», y si puedo aprovecho para inventarme una historia relacionada con el tema que acabe de manera agradable.

Recuerda que ni el dormitorio ni el dormir son elementos de castigo: «¡Vete a tu cuarto!» o «¡A dormir!» no son las mejores frases para que el sueño sea su amigo.

Factor adulto: nosotros mismos ¿estamos bien, relajados y sin prisas?

He apuntado este factor en último lugar..., pero te aconsejo que, en la mayoría de las ocasiones, lo valores el primero: si la respuesta es «no» o dudosa, quizá sea mejor que primero os relajéis los adultos. Para cuidar, primero debemos cuidarnos (creo que ya lo he dicho antes).

Ahora bien, en este rechazo a ir a la cama, una vez repasados todos los aspectos de los que te he hablado arriba, tenemos dos situaciones posibles: **no quiere ir a dormir, pero luego duerme bien,** o **no quiere ir a dormir y además luego se despierta.** Este último caso es que el que requeriría una consulta con su pediatra.

En el primer caso, es decir, si no quiere ir a dormir, pero luego duerme con los patrones de tiempo y modo normales para su edad, en general la situación suele estar originada porque **estamos intentando que se duerma a una hora alejada de su hora «biológica» de sueño,** bien porque esta ya pasó y estamos en esa hora refractaria que sigue a la hora circadiana de nuestro hijo que le facilita el sueño, o bien porque, al contrario, es muy pronto para su reloj biológico.

¿Qué podemos hacer? Te explico lo que generalmente aconsejamos en estos casos, pero si lo aplicas y no funciona deberás consultar con tu pediatra. Lo primero es analizar los seis pasos anteriores, hacer una evaluación de cada uno de ellos e intentar acomodarlos lo mejor posible a las tres fases de la higiene del sueño.

Tras ello tendremos que conocer el reloj biológico y su hora. Hay muchos métodos científicos para conocer exactamente la llamada *hora circadiana,* pero en casa lo haremos de la manera más natural posible. Aprovechando una época de vacaciones para todos (si es posible, claro; en caso contrario, serán unos días duros con mucho sueño), durante al menos cinco o siete días haremos «horarios libres» o, lo que es lo mismo, dejaremos que se duerma cuando veamos que tiene sueño (no cuando nosotros creamos que es la hora de dormir) y que termine su sueño cuando lo decida, sin despertarle ni obligarle a dormir.

Los últimos tres o cuatro días nos estarán indicando dos cosas: cuántas horas de sueño necesita (su percentil de sueño) y cuál es la hora en la que su reloj biológico le dice que es hora de dormir. ¿Qué crees que debemos hacer ahora? Exacto: nos ajustaremos a su reloj biológico realizando la segunda y la tercera fase de la rutina del sueño de acuerdo con él.

Una vez que veamos que no se pelea por dormir y que tarda menos de treinta minutos en dormirse durante diez o quince días, empezaremos poco a poco (recuerda cómo lo hicimos con Juan) a mover todos sus horarios diez o quince minutos, cada cuatro o seis días, hacia la hora que «socialmente» sea más o menos la indicada.

Ahora bien, si **no quiere dormir y, además, una vez iniciado el sueño, tiene múltiples despertares o conductas extrañas** —por ejemplo, ronca de manera habitual, tiene un sueño muy inquieto con mucho movimiento, presenta conductas que parecen terrores o pesadillas más de una vez en la noche de forma más o menos habitual, tiene sueño por el día a pesar de que le doy la oportunidad de dormir, en la escuela me dicen que su conducta ha empeorado...—, será necesaria primero la evaluación de su pediatra y seguir las pautas que recomiende. No es conveniente perder el tiempo; **cuando un niño hace «cosas raras» por la noche o tiene mucho sueño por el día sin causa apa-**

rente, es necesario primero descartar determinadas situaciones del componente biológico del sueño, y en ese apartado el mayor experto es el pediatra.

Para tener una idea general de cuándo debemos consultar con el pediatra, he adaptado parte del cuestionario BEARS que utilizamos en consulta como cribado de problemas del sueño:

¿Cómo sabemos que todo marcha bien?	Sí	No
¿Tarda rutinariamente más de treinta minutos en dormirse tras la fase de desactivación?		
¿Crees que está cansado durante el día de manera frecuente?		
Con cinco años, ¿sigue necesitando habitualmente la siesta?		
¿Se despierta más de tres veces en la noche y permanece despierto más de sesenta minutos?		
¿Los horarios de inicio y final del sueño son muy irregulares?		
De tres a cinco años, ¿sus horarios de sueño son tan diferentes a los del resto de la familia que afectan al grupo?		
¿Ronca sin estar constipado más de tres noches por semana?		
¿Su tiempo de sueño está fuera de los percentiles para su edad?		

Si de manera rutinaria respondes «sí» a cualquier pregunta, lo recomendable es consultar con el pediatra.

4

¿Qué fue de mi siesta?

De los cinco a los diez años parecen adultos

> Nuestro cuerpo humano está formado por muchas partes y puede representarse como un reloj en el que hay varias ruedas y calibres. Y así como el reloj no vale nada a menos que esté ajustado, nuestro cuerpo humano no funciona a menos que lo ordene la templanza.
>
> CHRISTINE DE PIZAN, *Las epístolas de Otea a Héctor* (circa 1400).

¡La edad de oro del sueño ya llegó!

Si resumimos lo que hemos visto hasta ahora, estarás de acuerdo conmigo en que lo más llamativo ha sido:

* La disminución progresiva de las siestas diurnas hasta casi su desaparición.
* La consolidación del sueño más o menos en el período nocturno continuado.
* La disminución gradual en la duración del sueño.

En este período hemos visto coincidir de una manera vertiginosa y complementaria la maduración de diferentes aspectos de nuestro hijo o nuestra hija, que ha pasado a ser un componente esencial y complejo de nuestro entorno:

* **Han madurado sus sistemas de regulación del sueño.** Lo ha hecho el ritmo circadiano, con una clara distinción en su conducta de día y de noche. También el sistema que controla cómo va aumentando nuestra necesidad de sueño a lo largo del día, lo que los técnicos llaman *presión de sueño* u *homeostasis*, propiciando la desaparición de las siestas al final del período anterior.
* **Se ha desarrollado el complejo sistema que regula vuestro vínculo** madre/padre-hijo/hija.
* Por último, pero no menos importante, las diferentes bacterias que tiene en el estómago y el intestino, y que favorecen la absorción de los alimentos —la llamada *microbiota intestinal*—, ha alcanzado una etapa relativamente estable después de los tres años de edad, con una composición y proporción de las diferentes familias de bacterias similares a las de los adultos, aunque todavía con alguna diferencia.

De manera que tanto el vínculo como el ritmo vigilia-sueño y los ritmos de la digestión llegan a esta etapa de la vida prácticamente desarrollados y de una forma armónica e interdependiente. ¡Cuándo y qué comemos, cuándo, cuánto y cómo dormimos, y cómo nos relacionamos dentro del entorno familiar van juntos desde antes de nacer y juntos los debemos cuidar!

Mirado así, parece lógico:

COMER, DORMIR Y SENTIRSE AFECTIVAMENTE SATISFECHO SON LAS TRES ACCIONES BÁSICAS QUE NOS PERMITEN SOBREVIVIR COMO SERES HUMANOS.

Lo que ocurre, sin embargo, es que nuestra sociedad le ha quitado importancia al descanso en los últimos años.

Con estos sistemas ya muy desarrollados, a partir de los dos a los cinco años, nuestros hijos entran por lo general en una etapa placentera, al menos en lo que al sueño se refiere. Y ya tocaba, ¿no?

En este grupo de edad, las cuatro influencias que gobiernan nuestro sueño (ambiente, biología, psicología y sociología) suelen estar organizadas de una manera armónica. Los cinco años previos no han dormido tan bien como como lo van a hacer estos años..., ni volverán a dormir así en toda su vida posterior: los ritmos circadianos ya están organizados, la carga de sueño es la adecuada, los ritmos de los ciclos de sueño están claros... Parece que por fin la naturaleza ha encontrado el equilibrio y nos va a dejar dormir a todos un poco más. Nos hemos merecido esta paz y tranquilidad nocturnas..., así que todo va a ir mucho mejor.

Pero en la vida siempre hay riesgos o amenazas. Ya lo adelantaba Christine de Pizan en torno al año 1400 al insinuar que **la armonía de los relojes biológicos está condicionada por la tranquilidad y afectividad ambiental,** «la templanza».

Hoy en día, el riesgo de que entre todos alteremos esta recién estrenada madurez armónica es grande. Esta sociedad de la velocidad y la acción veinticuatro horas durante siete días a la semana lo intenta con mucho interés. Solo tenemos que fijarnos en los ritmos anárquicos de sueño, las tareas extraescolares excesivas, la ayuda inestimable de teléfonos móviles, *tablets* y programas de televisión dedicados o protagonizados por niños a horas de la tarde/noche incomprensiblemente sometidas a horarios insanos para la infancia, etcétera. Todo contribuye a amenazar esa «templanza» necesaria para un buen sueño.

Cómo es (o debería ser) el sueño

No me cansaré de repetirte la importancia del equilibrio cuatripartito: ambiental-biológico-psicológico-social. Recuerda que **estos cuatro componentes del sueño deben ir entrelazados de una manera armónica; cada uno tiene su importancia y juntos son el cimiento de la salud.**

Si no nos funcionan las cosas, repasaremos cómo tenemos el equilibrio de estos cuatro amigos. En general, a partir de los cinco años y hasta la llegada de la adolescencia, impera el perfecto equilibrio entre los cuatro, lo que favorece un sueño armónico y equilibrado cuyas características principales podemos resumir en:

* **Los patrones del sueño ya muestran una cierta estabilidad y se parecen a los de los adultos,** aunque existe una gran variabilidad entre los niños (incluso en los gemelos).

La verdad es que por su edad le veía muy esporádicamente (vacunas, molestias por deportes...); no te diré que le echaba de menos, pero casi. A los que nos dedicamos a la infancia nos pasa eso: muchos de nuestros pacientes, que conocemos desde que nacen, llegan a formar parte de nuestro mundo afectivo, ellos y sus familias. Me alegré cuando descubrí su nombre en la agenda de citaciones.

Ver entrar a un chaval de 1,70 metros, esto es, con más de un metro de diferencia desde la primera vez que lo vi, lleno de acné y con una enorme sonrisa —a diferencia de nuestros primeros encuentros— por la puerta de mi despacho, que disminuyó automáticamente de tamaño, me alegró la tarde y me hizo ser más consciente del paso del tiempo.

No recuerdo si me levanté a saludarle o esperé a levantarme cuando Juan ya se había sentado para que no se notara mucho eso de «unos *pa'* arriba y otros *pa'* bajo». Lo que sí recuerdo es el motivo de la consulta: desde hacía dos años, que fue la última vez que le había visto, Juan cada día dormía peor o menos, le costaba mucho dormirse y levantarse de la cama era una odisea, no desayunaba y había dejado de ir al instituto en bicicleta porque «no podía con su alma a esas horas».

Los padres de Juan no le habían dado importancia porque «eran cosas de la edad», hasta que su rendimiento escolar empezó a disminuir. Consultaban para que le diera vitaminas o un reconstituyente para que rindiera más en el instituto y porque, además, de un tiempo a esta parte entre semana no había quien le hiciera desayunar bien, a lo sumo un vaso de leche o medio en ocasiones.

El mito de su menor necesidad

La verdad es que la adolescencia es una época complicada para las familias y para el propio adolescente. Fíjate si es complicada que en muchos hospitales existen consultas específicas para adolescentes y hay sociedades científicas dedicadas a esta etapa, como la Sociedad Española de Medicina del Adolescente (SEMA).

Afortunadamente, a mí me toca escribir «solo» sobre su sueño, que, como no podía ser de otra manera, también se modifica en esta turbulenta etapa. Se producen importantes cambios debido a las variaciones hormonales, el desarrollo cognitivo, las demandas sociales y académicas que experimentan los adolescentes, etcétera.

Para no alargarme, te resumo en cinco puntos las características más llamativas del sueño.

Ritmo circadiano

Hace referencia al famoso *kairós*. El reloj biológico, regulador del ritmo circadiano del cuerpo, **se retrasa alrededor de dos horas en las niñas y tres horas en los niños a lo largo de la segunda década de la vida** o, lo que es lo mismo, entre doce y dieciocho minutos, respectivamente, cada año. Calcula en el caso de Juan: 18 x 4 = 72 minutos más tarde a los catorce años que a los diez.

Este retraso complica la pretensión de que se sigan durmiendo a la misma hora a los doce, trece o catorce años que aquella a la que lo hacían a los siete, ocho o nueve años. Lo mismo pasa con el despertar por la mañana, que también se retrasa o debería poder retrasarse.

Dos aspectos más influyen en el retraso del ritmo:

* Tienen **mayor sensibilidad a la luz a última hora del día** y, por ello, la iluminación del dormitorio o las pantallas les afecta más, lo que favorece el retraso del reloj. Y, al contrario, tienen menos sensibilidad a la luz al principio de las mañanas, con lo que la luz los «despeja» menos.

  Es importante tenerlo en cuenta a la hora de pensar la iluminación de sus dormitorios y el uso de pantallas a última hora o durante la noche. **Procura que su cuarto de baño y que el lugar de desayuno tengan muchísima iluminación y que vayan andando o en bici al instituto.** Esa actividad física ayudará a despejarlos y facilitará que rindan mejor las primeras horas de clase.

  Otro tema para tratar, pero no aquí ni ahora, es el de los horarios académicos, que no están muy adecuados a su realidad biológica, a su *kairós*.
* **Su proceso de presión de sueño también varía.** Los adolescentes más maduros acumulan la presión de sueño a lo largo del día de una manera más lenta, de forma que el nivel de somnolencia a última hora del día es menor. ¿No habías notado que «toleran mejor» llevar más horas despiertos? Esta es una de las razones.

  A esto se suma la **irregularidad de los horarios los fines de semana.** No es una sorpresa para nadie que a estas edades es costumbre o necesidad, no está claro, **acostarse más tarde y alargar el sueño por las mañanas los fines de semana.** Para los científicos, esto es un claro reflejo del ritmo circadiano vespertino o de búhos típico de la adolescencia y, al mismo tiempo, una respuesta al déficit de sueño de los días escolares.

Durante el confinamiento por la pandemia de COVID-19 hicimos una encuesta *online* a familias y se comprobó que los adolescentes se habían adaptado a su horario de búhos de una manera natural; lo digo por lo de los horarios académicos y para entender un poco los enfados mañaneros.

Volviendo a lo nuestro, estos cambios en el ritmo del sueño los fines de semana se convierten en una piedra en el tejado del adolescente y su familia, pues, según los científicos, favorecen el retraso del inicio de la secreción nocturna de melatonina y eliminan la presión de sueño residual.

Mayor necesidad de sueño

A pesar de que los adolescentes suelen dormir menos que los adultos, de promedio **necesitan de ocho a diez horas de sueño por noche.** Esto se debe a que su cerebro y su cuerpo están experimentando un gran desarrollo y el sueño es la piedra angular para ello.

Cambios en la arquitectura del sueño

Aumenta mucho el sueño en el que no movemos los ojos o NREM, y esto es un signo del paso del cerebro inmaduro infantil al cerebro maduro del adulto.

Los horarios escolares tienen una gran influencia en el sueño del adolescente

Perdona que insista en los horarios académicos, pero son un condicionante enorme de la vida del adolescente.

En los países y regiones que han tenido en cuenta esto y han retrasado el inicio de las clases en la edad adolescente han visto que, como media, cada diez minutos de retraso en el inicio del horario escolar se corresponde con un incremento de la probabilidad de obtener más minutos de sueño y una menor sensación de cansancio durante la jornada escolar.

El uso de tecnología

A última hora del día y en el dormitorio es muy frecuente en los adolescentes. Este uso se relaciona con un menor tiempo de sueño y con latencias de sueño más largas, lo que puede provocar un déficit crónico de sueño. Hay una relación directa entre el tiempo de uso de tecnología y la duración del tiempo de sueño: a mayor uso, menor tiempo de sueño.

Lo trataremos en otro capítulo, pero en muchas ocasiones sin darnos cuenta nos complicamos la vida. Los científicos han encontrado que **el uso intensivo/abusivo del móvil en la adolescencia se relaciona mucho con el uso problemático/abusivo del móvil por parte de madres/padres desde la primera infancia.** Aquello de que los niños aprenden lo que ven y no lo que les decimos de nuevo demuestra su verdad.

O sea, que si no queremos tener más problemas en esta etapa es importante que, desde la primera infancia, usemos el móvil lo necesario y pasemos más tiempo interactuando con nuestros hijos, también con los adolescentes. Fomentar su autoestima y promover una comunicación saludable entre padres e hijos es una buena medida para prevenir el uso problemático del móvil a estas edades.

Hagamos una campaña para no ver en los restaurantes a los niños «entretenidos» con su móvil o *tablet* y a los adultos «tranquilamente» charlando... Con el tiempo serán adolescentes pegados al móvil.

EN LA ADOLESCENCIA AUMENTAN LAS NECESIDADES DE SUEÑO, SU PRESIÓN DE SUEÑO SE RALENTIZA Y SU RELOJ BIOLÓGICO SE RETRASA.

Como ves, el sueño a estas edades se complica en sus cuatro vertientes, biológica-psicológica-social-ambiental, y difícilmente lo podremos solucionar con vitaminas, reconstituyentes o suplementos.

Por estas y mil razones más, antes de dar vitaminas u otras cosas a Juan le exploré y, después de ver que, aparentemente, no había nada que no funcionara como tocaba, nos sentamos y hablamos.

La pregunta inicial fue: **«¿Qué sabéis del sueño a estas edades? ¿Necesitáis menos horas de sueño o más tiempo de sueño?».** Espero que esta pregunta te recuerde aquello del *cronos* o el cuánto. La segunda pregunta vendrá después y verás que tiene mucho que ver con el famoso *kairós* o el cuándo hacemos las cosas.

En realidad, los adolescentes necesitan alrededor de ocho o nueve horas de sueño cada noche, pero, desafortunadamente, la mayoría de los adolescentes no duermen las horas que necesitan; recuerda el 52,8 % de los que participaron en nuestro estudio. Pues bien, esta falta de sueño en una etapa de enormes cambios hormonales y sociales favorece:

* Depresión y baja autoestima.
* Somnolencia y problemas para concentrarse.
* Baja el rendimiento escolar y las calificaciones.
* Mal humor y problemas para convivir con la familia y amigos.
* Mayor riesgo de sufrir accidentes deportivos, automovilísticos...
* Tendencia a comer alimentos menos saludables en exceso, especialmente al final del día o tras un mal desayuno.
* Todo junto favorece el sobrepeso/la obesidad.

Y estos son solo algunos de los casos. Te resumo lo que recuerdo del resto de esa conversación, aunque solo sea porque, a mi edad, darme cuenta de que aún recuerdo los detalles de conversaciones pasadas me reconforta bastante.

—¿A qué hora te acuestas, Juan? —pregunté—. ¿A qué hora crees que te duermes y a qué hora te levantas?

—Los días escolares, aproximadamente, a las 23 h. Me suelo dormir cerca de la 1 h y me despiertan a las 7 h para ir al instituto; tengo clase a las 08.15 h.

Yo en matemáticas no estoy muy fuerte, pero de momento no me hace falta la calculadora para ver que de una a siete hay seis; si lo ponemos al revés, da nueve, pero no creo que este truco funcione. De manera que **Juan era uno de los que se incluían en el famoso 52,8 % de adolescentes con menos de ocho horas de sueño:** ellos están en clase mientras sus cerebros siguen pegados a la almohada.

Esto no lo mejoran vitaminas ni reconstituyentes, les dije a los padres de Juan. **No es que Juan no quiera levantarse para ir al instituto, es que no puede levantarse.** Al escuchar esta frase noté como Juan se incorporaba un poco en la silla y me volvía a mirar con tranquilidad y no con miedo.

—La culpa es del móvil y la *tablet;* desde hoy mismo te quedas sin ellos después de cenar —respuesta inmediata de sus padres.

Juan se vuelve a esconder en la silla.

—Poco a poco, no tomemos medidas sin saber y sin meditarlas —les comenté yo. El ascensor de Juan en la silla volvió a subir—. Por cierto, Juan, ¿a qué hora llegas a casa a mediodía para comer y a qué hora cenas entre semana?

—Los lunes, martes y jueves acabo las clases a las 14.40 h y llego a casa a comer a las 15.30 h. La cena es sobre las 22 h. Entreno tres días a la semana de 19 h a 21 h. De verdad que a esas horas no estoy cansado, no me quites del baloncesto. Después de cenar o cenando veo un capítulo de una serie en mi habitación, todos mis amigos la ven.

—Juan, no se me ocurriría quitarte el deporte si tú quieres seguir con ello. ¿Usas algún tipo de programa de luz nocturna en la *tablet* o el móvil?

—En la *tablet* sí lo uso, en el móvil no.

Más o menos ya tenía una idea de lo que estaba sucediendo. Ya sabía que el *cronos* estaba incompleto durmiendo diariamente dos o tres horas menos de lo que necesitaba, y ahora me tocaba indagar sobre el *kairós,* el ritmo, el cronotipo.

Y el reloj de Juan se retrasa

Antes de seguir con la conversación de ese día, me gustaría volver a repasar el concepto de los cronotipos, pero en este caso aplicados a la adolescencia.

Los cronotipos: cómo se comportan en la adolescencia

Recuerda que el cronotipo refleja las preferencias individuales referidas al tiempo, aquello del reloj más o menos rápido. En la adolescencia, la proporción de los distintos tipos de cronotipos varía y predomina el cronotipo vespertino o búho. Repasémoslos de nuevo:

Cronotipo matutino, también llamado *alondra*. Su preferencia es iniciar y terminar el sueño a primeras horas de la noche y de la mañana, respectivamente. Se levantan perfectamente preparados para iniciar las tareas. Es frecuente en la primera infancia. En la adolescencia lo son entre el 40-50 % de los jóvenes.

Cronotipo vespertino, también llamado *búho*. Su tendencia es a iniciar y terminar el sueño de manera tardía en la noche y en la mañana, respectivamente. Les cuesta ponerse en marcha por las mañanas. Es más frecuente en la adolescencia, de manera que entre el 10-30 % lo son; es decir, van a tener con mucha probabilidad problemas para iniciar el sueño en horario socialmente adecuado entre diez y treinta de cada cien adolescentes. Son muchos. Este cronotipo está positivamente relacionado con la habilidad cognitiva (entendida como la habilidad del individuo de adaptarse a su medio ambiente) y negativamente con el rendimiento académico.

?

Cronotipo indeterminado. No tienen una preferencia definida y se adaptan fácilmente a los horarios. Como ves, si restamos los porcentajes anteriores, son los menos frecuentes.

En la adolescencia, el cronotipo en muchas ocasiones es vespertino o búho, y esto, unido a la exposición a la luz a última hora del día y al déficit acumulado de sueño, interactúa y condiciona en muchas ocasiones su conducta y rendimiento académico.

El cronotipo puede jugar también un papel, aunque este aspecto está más en discusión, respecto a la duración del sueño y la percepción de la necesidad de dormir (más dificultosa en el cronotipo vespertino).

De esta manera, todos deberíamos valorar el cronotipo de nuestro hijo adolescente antes de dar cosas por sentadas o culpabilizar. ¿Cómo podemos averiguarlo? Esto te sonará a repetición, pero creo que es conveniente recordarlo aquí para no ir de una parte a otra del libro. **En vacaciones, deja que se acueste y se levante según sus preferencias:** así averiguaréis cuál es su hora biológica de dormir. Esos días, alrededor de siete, no habrá actos sociales nocturnos o vespertinos ni uso de tecnología después de cenar. Esta debería ser una de las primeras acciones a la hora de abordar sus problemas con el sueño.

En esta gráfica puedes ver la distribución de los cronotipos en la adolescencia:

CRONOTIPOS A LOS DIECISÉIS O DIECISIETE AÑOS

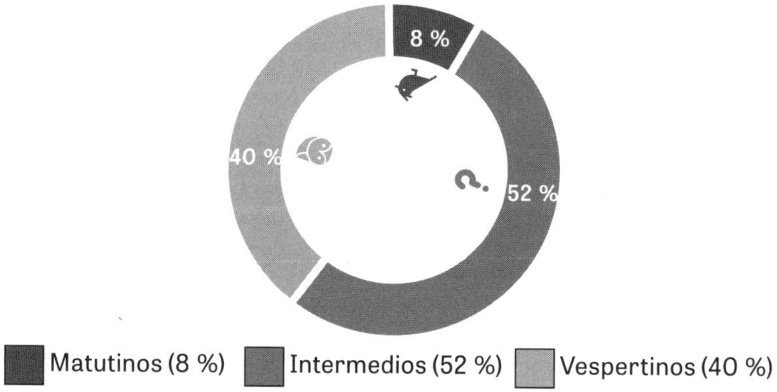

«Es el reloj y no el hábito»

Sigamos con nuestra conversación con la familia de Juan.

Siempre he tenido un enorme respeto a la adolescencia y, aunque reconozco que no es la etapa en la que me encuentro más cómodo como profesional, me ha dado muchísimas satisfacciones y me ha enseñado mucho cuando he sido capaz de conectar y establecer un diálogo respetuoso con mis pacientes. Para mí es la clave de la comunicación en esta etapa: **el trato respetuoso de tú a tú y la participación en las decisiones, pero sin perder de vista el lugar que cada uno ocupamos;** no soy un «colega», soy un profesional, como tú eres su madre o su padre; no formas parte de su grupo de amigos.

—Juan, ¿por qué estás dos horas despierto en la cama? ¿Qué haces en ese tiempo? ¿No puedes o no quieres dormirte? ¿Cuál es tu horario ideal en fin de semana?

—Me voy a la cama porque me obligan, no por sueño; incluso me dicen que me vaya antes a dormir para que me venga el sueño antes. Pero, en serio, por mucho que lo intente, no me duermo y, es verdad, me pongo a ver el móvil porque es la mejor manera de no ponerme a dar vueltas en la cama.

Mientras me respondía, Juan no quiso mirar a sus padres. Lo cierto es que la situación era incómoda para los cuatro.

Aprovecho esto para un apunte: aunque no se ha demostrado una conexión directa entre la relación paternofilial y el sueño del adolescente, algunos datos indican que en situaciones de estrés familiar (separación, enfermedad grave, problemas económicos...), **una relación paternofilial adecuada en esos casos se relaciona con una duración del sueño más larga,** despertares más cortos y menor variabilidad del sueño a lo largo de la semana; vamos, que lo de biológico, psicológico, social y ambiental es cierto; todo es importante.

Me tocó explicarles a los tres lo que hemos comentado del reloj biológico, etcétera. Repasamos los cinco puntos de las características del sueño. Planteamos el ejemplo de otro adolescente con un problema similar en el que, en cuanto se le dejó dormir según sus ritmos durante las vacaciones, sus períodos de sueño se alargaron automáticamente.

Volviendo a Juan: estoy seguro de que ya tienes claro lo que le pasaba, pero déjame que lo ponga por escrito.

A estas alturas estarás de acuerdo conmigo en que el concepto de *sueño saludable* implica la presencia conjunta de cuatro dimensiones:

* Duración adecuada para cada edad.
* Buena calidad.
* Regularidad de horarios.
* Adaptación al ritmo circadiano de cada persona y edad.

Como ves, en la adolescencia frecuentemente tres de las cuatro condiciones están alteradas. El tema no es fácil, pero sí posible.

Ya en 2014, la Academia Americana de Pediatría reconoció la privación de sueño en la adolescencia como un problema de salud pública que afecta seriamente a la salud y seguridad de los adolescentes. El problema se ha visto agravado en los últimos tiempos por la promoción en nuestra sociedad del siglo XXI de la conexión tecnológica durante las veinticuatro horas del día, aun tras conocerse que la presencia en los dormitorios de más de un elemento tecnológico durante la noche se asocia tanto a la reducción del tiempo de sueño como de su calidad.

EN ESPAÑA, ENTRE EL 91,2 % Y EL 76,1 %
DE LOS ESTUDIANTES CREEN QUE SUFREN
PROBLEMAS DE SUEÑO.

La falta de unos horarios regulares de sueño durante los días escolares está presente en el 15 % de los casos. ¿Cómo podemos sospechar de un déficit crónico de sueño en la adolescencia?

La excesiva somnolencia diurna (realización de siestas, intento de recuperación de sueño en fines de semana con más de dos horas de sueño por encima de lo que duermen entre semana...), **así como el incremento del uso de excitantes** (cafeína, colas...), **orientan hacia un déficit crónico de sueño.** En definitiva, Juan y toda su familia estaban viviendo algo muy común en la adolescencia:

DÉFICIT CRÓNICO DE SUEÑO
+ RETRASO DE FASE DE SUEÑO.

Se trata de una situación complicada, pero absolutamente normal y transitoria. Pero ¡cuidado! En algunos casos el retraso es tan importante o tiene tantas consecuencias que se convierte en una situación en la que los médicos debemos actuar.

El punto más llamativo es la presencia de un tiempo de inicio y finalización del sueño retrasado en relación con los tiempos de sueño aceptables hasta esa edad. Existe dificultad para dormirse, pero una vez que el sueño se inicia es de características normales y no se interrumpe.

Además, esta edad de pérdida del control horario de los padres y de mayor socialización se puede acompañar de horarios de sueño más irregulares; **es conveniente también prestarle atención a esa irregularidad y pactar cómo disminuirla. ¿Qué podemos hacer en casa para mejorar esto,** ya que no podemos cambiar (aunque también sería deseable) la hora de inicio de las clases?

1. **Entender que no «puede», y no que no «quiere», iniciar el sueño** a una hora determinada.
2. **Luminoterapia.** Ya lo he adelantado unos párrafos antes. La luz natural o, en su defecto, una luz brillante en el cuarto de baño, en la cocina, y evitar las gafas de sol en esas primeras horas ayudan a «espabilar» y a adelantar su hora biológica. A más luz y actividad física a primeras horas de la mañana, antes le entrará el sueño por la noche.
3. **Que vaya al centro docente activo:** andando, en bicicleta...
4. **Que evite las siestas o realice siestas cortas** (diez minutos) al menos seis horas antes de la hora prevista de acostarse.
5. **Pactar el uso de la tecnología, finalizando su utilización una hora antes de acostarse,** y convertir su dormitorio (y el nuestro) en un dormitorio libre de tecnología.
6. **Ser —los progenitores/tutores— ejemplo en el uso de la tecnología.**

7. **Evitar horarios de cenas más tarde de las 21-21.30 horas.**
8. **No olvidar la afectividad** a pesar de las dificultades de comunicación intergeneracional propias de esta edad.
9. **Antes de utilizar medidas punitivas, consultar con un profesional.**
10. **Saber que la tendencia es a mejorar... si no lo hacemos muy mal.**

No te voy a dejar con la duda: poco a poco, el tiempo jugó a nuestro favor y Juan y su familia superaron esta situación con mucho diálogo y mucho pacto.

6

El elemento ecoambiental del sueño infantil: un poco de todo

El sueño es la cadena de oro que enlaza salud y nuestros cuerpos.
THOMAS DEKKER

El secreto de la creatividad está en dormir bien y abrir la mente a las posibilidades infinitas. ¿Qué es un hombre sin sueños?
ALBERT EINSTEIN

Hasta ahora hemos valorado la parte biológica y psicológica del sueño. En este capítulo vamos a abordar otro componente: el componente ecoambiental, que, especialmente en la infancia y adolescencia, tiene una enorme importancia a la hora de la maduración de un sueño de duración y calidad adecuada.

Nuestro mundo es un mundo en continuo cambio y, en el siglo XXI, estamos inmersos en una vorágine que altera una y otra vez tanto los componentes del ambiente o nuestro ecosistema exterior como los componentes del ambiente interior de nuestros hogares.

En lo que se refiere al componente ambiental exterior, nuestra sociedad ha introducido en los últimos decenios más cambios en el ambiente de sueño que en los quinientos años anteriores, y esto, evidentemente, tiene sus efectos.

Ya sé que, en muchos de esos cambios, como por ejemplo la iluminación de calles o avenidas, monumentos, etcétera, somos meros espectadores o «sufridores», pues, en general, no dependen de nosotros, sino de nuestras autoridades y representantes. Pero cuanto más sensibles seamos a esto, más pronto los responsables lo tendrán en cuenta.

EN EL COMPONENTE AMBIENTAL INTERIOR DE NUESTRAS CASAS, LA COSA CAMBIA Y NOSOTROS SÍ SOMOS ACTORES ACTIVOS Y RESPONSABLES.

No podemos dejar de reconocer nuestra propia responsabilidad en esto, porque es la única forma de empezar a aportar soluciones. Aquí espero que tú y yo nos pongamos de acuerdo.

Como el espacio del que dispongo no es infinito, me resulta imposible incluir todos los cambios ambientales que hemos introducido a lo largo de los siglos. Además, ni que decir tiene, entre otras cosas, mis conocimientos son limitados. Por ello, voy a centrarme en dos contaminantes que a veces pasan desapercibidos por la naturalidad con la que los asumimos como parte de nuestra normalidad, la luz y el ruido, que, sin embargo, tienen una gran influencia en nuestro sueño y en el de los niños y las niñas.

La luz: contaminación lumínica[1]

> Dos cosas me inspiran asombro: los cielos estrellados en lo alto y el universo moral interior.
>
> Albert Einstein

El patito feo medioambiental

Según indica Antonia Varela, presidenta de la Fundación Startlight, en el prólogo del magnífico libro *La contaminación lumínica,* de Alicia Pelegrina López, el 85 % de la población mundial vive bajo cielos contaminados. En contraste, más de 1.300 millones de habitantes en el planeta no tienen acceso a la electricidad.

Sin comentarios. Para hablar del reparto de los bienes y la tecnología a nivel mundial habría que escribir otro libro, o varios cientos de ellos. Así que, concentrémonos: ¿qué es la contaminación lumínica ambiental?

La definición de la Asociación Cel Fosc[2] de la contaminación ambiental en 2004 me parece la más sencilla:

[1] Muchos de los datos de este apartado están basados en el libro *La contaminación lumínica,* de Alicia Pelegrina López, Centro Superior de Investigaciones Científicas, 2022.

[2] https://www.celfosc.org/.

«ES LA ALTERACIÓN DE LA OSCURIDAD NATURAL DEL MEDIO NOCTURNO PRODUCIDA POR LAS FUENTES ARTIFICIALES DE LUZ.»

Tres conceptos me parecen claves en ella:

Contaminación. Cuando pensamos en contaminación ambiental, generalmente lo hacemos refiriéndonos al cambio climático, la deforestación, la escasez de agua, la contaminación de los océanos..., y nos olvidamos de este silencioso contaminante: la luz introducida por el ser humano en la noche.

Alteración de la oscuridad nocturna. Es la consecuencia de esa introducción.

Fuentes artificiales de luz. Son las causantes de esa contaminación.

Y perdimos las fronteras...

La merma de la oscuridad nocturna favorece la pérdida de una clara frontera que, como especie, hemos percibido durante cientos de años. Estamos hablando de la **frontera día/noche:** la frontera entre el día, caracterizado por la luz, la actividad y la ingesta, frente a la noche, con su oscuridad, inactivad y ayuno.

No podemos olvidar que **el ser humano es un mamífero diurno que, hasta el siglo XX, se alimentaba mayoritariamente por el día.** Es cierto que las noches siempre han tenido algo de luz, como te explicaré después, pero no tiene nada que ver con esta inundación de luz a la que estamos sometidos.

Recuerda que hace unos capítulos hablamos de la importancia del contraste día-noche para un buen sueño. Pues el 85 % de la población mundial vive sin ese contraste necesario. En algunos lenguajes de tribus primitivas actuales no hay ninguna palabra que defina el insomnio: quizá la pérdida de esa frontera sea parte de la clave de la necesidad de inventar ese concepto lingüístico.

Lo curioso o, más bien, lo triste es que, siguiendo el ejemplo de Alicia Pelegrina, he ojeado el informe anual del Ministerio para la Transición Ecológica titulado *Perfil ambiental en España 2021* y, de los indicadores que cita, ¿sabes cuántos se refieren a la contaminación lumínica que, como te contaré, afecta a nuestro descanso directamente? Ninguno, que yo haya visto, al menos.

¿Es esta ausencia signo de ignorancia, de escaso interés por contar con la opinión de ambientalistas expertos, o se debe a alguna otra razón? Ni idea del porqué, pero tenemos un problema con este tema. De lo que no tengo ninguna duda es de que nos falta mucho, pero mucho, para concienciar a la sociedad sobre la contaminación lumínica. Parte de este apartado del libro va en esa dirección.

No me olvido de lo prometido, que, como dicen, es deuda. Te he comentado que en las noches el cielo tiene algo de luz siempre. ¿De dónde sale esa luz? Pues la proporcionan, por un lado, la luz solar que refleja la Luna; por otro, las emisiones atmosféricas nocturnas, y a ello se suma la luz de las estrellas.

Nada comparable, sin embargo, con la luz de algunas calles de mi Valencia querida, que te invitan a ponerte gafas de sol cuando las transitas por la noche.

CUANDO DE MANERA ARTIFICIAL INTRODUCIMOS LUZ EN EL AMBIENTE NOCTURNO, DESPISTAMOS A NUESTRO RELOJ BIOLÓGICO, QUE ASUME QUE SIGUE SIENDO DE DÍA.

Esta pérdida de la frontera día/noche, como hemos visto, es relativamente reciente, y a nuestro organismo le sienta como si fuera un amigo que se presenta sin invitación ni aviso: nos pilla sin tener nada preparado para agasajarlo o adoptarlo; es decir, **no le hemos dado tiempo a nuestro reloj biológico para que aprenda que, aunque exista ese tipo de luz, ya no es de día y tiene que ponerse en modo sueño.**

Hemos alargado el día y acortado la noche y, además, la noche ya no es oscura y por el día ya no nos exponemos a la luz del sol, sino a la luz de interiores. ¡Vamos, el mundo al revés en los últimos tiempos de nuestra historia como especie!

Piensa que en España las primeras ciudades que inauguraron un alumbrado público eléctrico fueron Jerez de la

Frontera y Haro en 1890, hace unos segundos, como quien dice, en nuestra historia como *Homo sapiens.*

NO OLVIDEMOS SITUARNOS A OSCURAS EN EL DORMITORIO INFANTIL Y VALORAR LA OSCURIDAD PRESENTE.

Pero a mi hijo, ¿cómo le afecta?

La iluminación urbana puede tener varios efectos en el sueño de los niños, tanto positivos como negativos, dependiendo de diversos factores. Algunos posibles efectos son:

Alteración del ritmo circadiano. La exposición a la iluminación urbana durante la noche puede interrumpir el ritmo circadiano de los niños. Es lo que la científica Alicia Pelegrina denomina la **«luz intrusa»,** es decir, la luz que, emitida en el exterior, sobrepasa el espacio que quiere iluminar y se introduce en el dormitorio de nuestro hijo; por ejemplo, la farola colocada junto o frente a nuestra ventana. Esa luz intrusa suprime o disminuye la producción de melatonina, dificultando conciliar o mantener un sueño reparador.

¡En la infancia esa disminución puede llegar al 80 %! De manera que puede ser un factor ambiental que favorezca el insomnio infantil o un sueño de peor calidad y menos reparador.

Fíjate si esto nos parece importante que, en la Unidad de Sueño, en muchas ocasiones les pedimos a los padres que nos enseñen una fotografía realizada por la noche con la habitación a oscuras que muestre la iluminación que entra por la ventana, la claridad del dormitorio. En más de una ocasión eso nos ha permitido mejorar el sueño del niño.

Somnolencia diurna con mayor necesidad de siestas y cambio de humor. La luz artificial puede causar un sueño más superficial y fragmentado, lo que puede resultar en una sensación de somnolencia durante el día, falta de concentración y otros problemas de salud relacionados con la falta de sueño.

Impacto en la salud física y mental. La falta de sueño de calidad debida a la exposición a la iluminación urbana durante la noche puede tener un impacto en la salud física y mental de los niños. Puede afectar a su estado de ánimo, rendimiento escolar, sistema inmunológico, entre otros aspectos importantes de su bienestar general.

¡Ojo! No todos los niños responden igual a la luz nocturna. Es necesario tener en cuenta que **los efectos de la iluminación urbana no siempre son iguales en todos ellos.** Pueden variar dependiendo de la edad, la intensidad, la duración y el momento del día en que estén expuestos a la luz artificial, y de la sensibilidad individual de cada niño.

En definitiva, la higiene de sueño requiere un entorno de sueño adecuado para los niños, con una habitación oscura y sin exposición a la luz artificial durante la noche. Si tienes dudas, haz esa fotografía a oscuras y podrás ver si tienes la oscuridad perfecta para tu hijo.

Ahora bien, no quiero que pienses que estoy en contra de este enorme regalo que es la luz eléctrica. Todo lo contrario, uso la tecnología y me gusta todo lo que nos permite hacer y aprender. Pero también me gusta el desarrollo saludable de los niños, poder contemplar una noche estrellada y respetar los ecosistemas y la vida de animales y plantas en su entorno natural.

Decir que existe la contaminación lumínica no implica rechazar la iluminación artificial como avance, sino poner el acento sobre el hecho de que una iluminación eléctrica mal utilizada y excesiva puede producir efectos negativos. Por supuesto, un uso correcto, dimensionado y adecuado de la iluminación solucionaría en buena medida este problema.

Pero para reconducir esta situación, aprender y poder exigir su correcto uso, minimizando así su impacto en la salud de nuestros hijos, el primer paso es concienciarnos como sociedad.

LA CONTAMINACIÓN LUMÍNICA ES EL RESULTADO DE UNA ILUMINACIÓN MAL REALIZADA.

Las fronteras interiores: el poder de la imagen cercana

¿Te acuerdas lo que hacía Juan cuando no podía dormirse y le mandaban a la cama pronto? Utilizaba su móvil para relajarse; pero no como hacía yo cuando era joven, que, aunque no lo creas, una vez lo fui, y usaba el teléfono para hablar. Juan lo usa como elemento básico de las nuevas tecnologías, para chatear o ver vídeos.

Si te parece, hablemos un poco de esto de las nuevas tecnologías y sus pros y contras en relación con el sueño. Básicamente, la pérdida de la frontera interior del dormitorio está ocasionada casi siempre por ellas.

Estas tecnologías han provocado un cambio radical en el día a día de la sociedad y especialmente en la vida de niños y adolescentes, que, desde que nacen, tienen acceso a móviles, *tablets* y ordenadores. Este acceso inmediato y continuo ha cambiado su perfil psicocognitivo:

* Reciben y procesan la información rápidamente.
* Prefieren gráficos antes que texto: el gráfico es inmediato, concreto y exportable.
* Funcionan mejor cuando trabajan en red.
* Son más impacientes y versátiles.
* Son más innovadores y emprendedores.

¿Te identificas tú también con estas características?

En Europa, el 42 % de niños y niñas de nueve a doce años tienen perfil en redes sociales. Si tu hijo es menor, te interesará saber que el ojo no está preparado para asumir tantas horas y tanta potencia de luz durante los primeros años de vida. La zona del ojo que es esencial para una correcta visión, llamada *mácula,* no acaba de desarrollarse hasta cerca de los cuatro años. Durante esos cuatro años debemos cuidarla, no estresarla ni forzarla con una intensidad de luz para la que no está todavía preparada. De esa manera, cuidamos su visión futura.

Recuerda que la mácula del ojo es una pequeña área en el centro de la retina, y es una región especialmente importante para la visión central y de alta definición, que se utiliza para actividades como leer, reconocer rostros, etcétera. O sea, es algo que merece la pena cuidar desde el minuto cero.

Como te he dicho antes, a mí me gusta y uso la tecnología. No estoy en contra de ella, ni mucho menos, pero, igual que pasa con la iluminación exterior, dañina es la tecnología que se usa mal.

Ventajas e inconvenientes de las tecnologías en los niños

Ya sabes, nada es blanco y negro puro. La tecnología tampoco.

Evidentemente, la tecnología nos ha mejorado mucho la vida, nos permite investigar mejor, recibir información, procesar datos que nos facilitan la planificación de trabajos, etcétera, pero también tiene su lado oscuro, que es especialmente importante conocer cuando hablamos de infancia y adolescencia. ¿Qué **inconvenientes no relacionados con el sueño** tiene en estas etapas?

* Los niveles altos de uso de medios electrónicos en la primera infancia se asocian con el riesgo de que los niños obtengan **resultados más pobres en algunos indicadores de bienestar;** especialmente empeoran los problemas emocionales.
* **Facilita la vida sedentaria y la ingesta de bebidas azucaradas** y, con ello, la tendencia al sobrepeso.
* **Impacto en la salud mental:** el uso excesivo de dispositivos electrónicos en las últimas horas del día también puede tener un impacto en la salud mental de los niños. La exposición a contenido potencialmente inapropiado, estresante o adictivo en línea, así como la interacción en redes sociales, puede afectar el estado de ánimo, aumentar la ansiedad y el estrés, y tener un impacto negativo en la salud mental.
* **Consecuencias del *multitasking*** o, mejor, «multitarea», es decir, eso de hacer varias cosas a la vez en las pantallas: facilita la respuesta inmediata a un nuevo estímulo, originando un cambio de orientación de la atención rápido y potenciando una peor capacidad para mantener la atención y para comprender.

LA TECNOLOGÍA NI ES BUENA NI ES MALA PARA EL NIÑO: ESTÁ EN TUS MANOS ENSEÑARLE A USARLA DE FORMA CORRECTA.

Entonces, ¿qué inconvenientes genera que sí están estrechamente relacionados con el sueño?

* Su uso **duplica la posibilidad de tener menos horas de sueño** de las que necesita.
* La mera presencia de móvil, *tablets,* etcétera, en el dormitorio **disminuye la calidad del sueño.**
* **Disminución de la producción de melatonina:** la exposición a la luz azul que emiten las pantallas de los dispositivos electrónicos puede suprimir la producción de melatonina hasta en un 80 % en los niños, pues, entre otras cosas, su pupila se dilata más y el líquido interior del ojo es más transparente.
* **Retraso en el inicio del sueño:** la exposición a la luz brillante y estimulante de las pantallas de los dispositivos electrónicos en las últimas horas del día puede retrasar el inicio del sueño en los niños. Esto se debe a que la luz azul puede confundir el ritmo circadiano interno del cuerpo, que regula los ciclos de sueño y vigilia, y hacer que los niños se sientan más alerta y menos propensos a conciliar el sueño.
* **Alteración del ritmo circadiano:** el uso de dispositivos electrónicos en las últimas horas del día puede alterar el ritmo circadiano de los niños. La exposición a la luz brillante de las pantallas en momentos en que el cuerpo debería estar preparándose para dormir puede confundir al reloj biológico interno y afectar negativamente a la calidad del sueño y la capacidad para despertarse en horarios regulares.

* **Sueño más superficial y fragmentado:** la exposición a la estimulación visual y auditiva de los dispositivos electrónicos en las últimas horas del día puede provocar un sueño más superficial y fragmentado en los niños. Esto puede resultar en un sueño de menor calidad, con despertares nocturnos frecuentes y una sensación de somnolencia durante el día.

En este cuadro adaptado de la revista *SLEEP,* la revista oficial de la Academia Americana de Medicina del Sueño, te resumo algunos de los efectos que esta contaminación lumínica tiene en nuestro sueño:

Efectos de la televisión sobre el sueño*	
Tiempo de sueño más corto	4,5
Síntomas de insomnio	5
Dificultad para dormirse	5
Dificultad para mantener el sueño	5
Mayor frecuencia de siestas	4
Ritmos vigilia-sueño deficientes	5

* Se valora 0 como «sin efecto» y 6,5 como «máximo efecto».

La tecnología como oportunidad de mejora educativa

Ya llevamos un rato hablando de que, como todo en la vida, la tecnología no es buena ni mala *per se*, sino en función de cómo la usamos. Entonces, ¿qué puedes hacer para aumentar lo positivo e intentar disminuir los aspectos negativos?

La Academia Americana de Pediatría (AAP) nos da una serie de pautas muy útiles. El objetivo es adecuar y limitar el tiempo de pantalla para niños pequeños.

1. **Para niños menores de dieciocho meses:** evitar el uso de pantallas, a excepción de videollamadas con familiares o amigos cercanos.

   Los bebés aprenden mejor a través de la interacción en persona y el juego con juguetes y objetos tangibles.

   Así potenciamos, entre otras cosas, la manipulación fina y la pinza inteligente que hacemos con el índice y el pulgar. ¿Sabes que el poder hacer esa pinza fue un gran paso para desarrollarnos como especie y diferenciarnos del resto de los simios?

   La pinza inteligente durante los primeros años es de gran ayuda para el desarrollo neurocognitivo.
2. **Para niños de dieciocho a veinticuatro meses:** si se permite el uso de pantallas, debe ser con contenido de

alta calidad y educativo, siempre con la participación activa y supervisión de un adulto.

Es importante limitar el tiempo de pantalla a un máximo de una hora al día.

3. **Para niños de dos a cinco años:** limitar el tiempo de pantalla a un máximo de una hora al día de contenido de alta calidad y educativo, preferiblemente con la participación activa de un adulto.

   Es importante que los niños de esta edad pasen la mayor parte del tiempo interactuando con el mundo real y participando en actividades físicas, sociales y creativas.

   Y no hay que olvidar el hábito de la lectura, recordando que los niños aprenden lo que ven. La lectura en familia ayuda mucho.

Además de estas recomendaciones de tiempo de pantalla, la AAP también enfatiza la **importancia de establecer límites consistentes y saludables en el uso de dispositivos móviles y *tablets*,** y de fomentar otras actividades beneficiosas para el desarrollo de los niños, como el juego al aire libre, la lectura, el tiempo en familia y el tiempo de calidad con amigos y seres queridos.

LA TECNOLOGÍA NOS DA LA OPORTUNIDAD DE COMPARTIR CONTENIDOS Y RELACIONARNOS DE FORMA DIFERENTE CON NUESTROS HIJOS: HAGAMOS DEL USO COMPARTIDO LA NORMA.

El ruido: la contaminación sonora

Nuestro acompañante escandaloso

Lo primero es lo primero: ¿qué es lo que entendemos como contaminación sonora? Yo te propongo esta definición de una publicación de 2011:

> «EL RUIDO AMBIENTAL SE DEFINE COMO CUALQUIER SONIDO DERIVADO DE LA ACTIVIDAD HUMANA QUE SEA DESAGRADABLE, NO DESEADO O DAÑINO».[3]

[3] Scientific Committee on Emerging and Newly Identified Health Risks, *Potential health risks of exposure to noise from personal music players and mobile phones including a music playing function (Preliminary report)*, 24 de junio de 2008.

Incluye el **ruido del tráfico rodado, ferroviario y aéreo, el ruido emitido por la actividad industrial, el ruido procedente de otras actividades de ocio y el ruido emitido por dispositivos electrónicos personales,** siendo el tráfico rodado la principal fuente en los entornos urbanos. En Europa se le considera el segundo factor de riesgo ambiental más grave. No es ninguna tontería ni ninguna «anécdota».

¿Y qué hay del famoso ruido blanco? Te recuerdo el concepto de *ruido blanco:* es aquel que se produce cuando se unen todas las frecuencias que el oído humano puede oír, de manera aleatoria, pero con la misma amplitud. Es decir, abarca todas las frecuencias y es monótono.

De forma más clara, para que todos sepamos de qué hablamos porque alguna vez lo hemos oído, es un ruido similar al que hace una radio o un televisor sin sintonizar, o al ruido constante de un ventilador. Por sus características, tiene la capacidad de bloquear ruidos externos y se usa mucho para enmascarar los que son molestos. Es como si lo que quisiera hacer es aburrir a nuestro cerebro por su monotonía.

Ya en 2011 —cómo pasa el tiempo—, cuando participábamos en la elaboración de la *Guía de práctica clínica* para el Ministerio de Sanidad, repasamos todo lo que se sabía entonces sobre su eficacia. Lo he vuelto a hacer y el resultado es que **actualmente sigue sin haber evidencia concluyente sobre la eficacia del ruido blanco en el sueño de los niños.**

Aunque algunos estudios sugieren que el ruido blanco puede ayudar a enmascarar el ruido ambiental y promover un ambiente de sueño más tranquilo, otros estudios han encontrado que puede ser igualmente disruptivo para el sueño de algunas personas. Además, el uso de ruido blanco para ayudar a dormir no es una solución a largo plazo, y es importante abordar cualquier problema subyacente que pueda estar causando la dificultad para dormir. Si bien es cierto que no hay estudios que hayan encontrado que el ruido blanco sea perjudicial para los niños.

Yo creo que, en lugar de depender únicamente del ruido blanco para mejorar el sueño de los niños, conviene considerar otras medidas para reducir el ruido ambiental en sus dormitorios. Algunos ejemplos de lo que podríamos hacer:

* Mantener las puertas y ventanas cerradas.
* Utilizar cortinas gruesas o persianas para reducir el ruido exterior.
* Limitar el uso de aparatos electrónicos que puedan generar ruido adicional.
* Establecer una rutina de sueño regular y consistente.

Y, si no mejora, prueba con el ruido blanco. Insisto: ni datos a favor ni datos en contra, y parece inofensivo. Es decir, en lo referente al ruido blanco, como decían en mi pueblo: ni sí ni no, sino todo lo contrario. No te lo puedo aconsejar ni desaconsejar porque no lo tengo lo suficientemente claro. Lo siento.

¿Cuál es el límite saludable de ruido, si es que lo hay?

Para poder medirlo, el indicador más utilizado es la exposición de ruido ambiental día-tarde-noche (Lden), que describe un nivel medio de presión acústica durante todos los períodos diurnos, vespertinos y nocturnos de un año.

Los niveles de ruido superiores a 55 decibelios Ld y Le (durante el día y la tarde, de 7 h a 23 h) y 50 decibelios Ln (durante la noche) se definen en el Séptimo Programa de Acción de la Unión Europea en materia de medio ambiente y en la Directiva sobre Ruido Ambiental como «altos niveles de ruido».

La Agencia Europea de Medio Ambiente (AEMA) estima que **113 millones de ciudadanos sufren una exposición superior a los valores recomendados en Europa.** Esto significa que **al menos el 20 % de la población total está expuesta a niveles altos durante el período día-tarde-noche y más del 15 % está expuesta a estos niveles durante el período nocturno.**

En un estudio realizado en el País Vasco, por ejemplo, se observó que el 60 % de los niños tienen una exposición al ruido ambiental día-tarde-noche (Lden) superior a 55 decibelios. Las cifras, cuando menos, son llamativas.

MÁS DEL 50 % DE LA POBLACIÓN INFANTIL ESTÁ SOMETIDA A AMBIENTES DE ALTOS NIVELES DE RUIDO.

Pero ¿qué sabemos de sus efectos sobre el sueño de los niños? Sorprendentemente, muy poco. No parece que sea un tema que a los científicos les estimule estudiar y, sin embargo, ¿no tienes la experiencia de dormir infinitamente mejor durante las noches que has pasado en esos raros espacios en los que no se oye nada? Yo, por suerte, tengo un lugar al que me escapo, libre de contaminación lumínica y sonora, en medio de la nada, y te puedo asegurar que la diferencia es importante.

Los científicos, sin embargo, no se ponen de acuerdo y en sus trabajos unos encuentran efectos negativos que otros, por el contrario, no encuentran, por lo que es difícil posicionarse. A modo de resumen, te puedo decir que los efectos del ruido ambiental en el sueño pueden variar ampliamente entre los individuos, pero **los efectos más constatados en el sueño de los niños son los siguientes.**

Dificultad para conciliar el sueño. El ruido puede interferir en la capacidad de los niños para conciliar el sueño al dificultar el proceso de relajación y calma necesario para dormir.

Despertares frecuentes y sueño interrumpido. El ruido puede interrumpir el sueño de los niños y hacer que se despierten con más frecuencia durante la noche, lo que puede afectar a la calidad del sueño y disminuir el tiempo total de sueño.

Cambios en los patrones de sueño. Puede alterar los patrones de sueño de los niños, reduciendo el tiempo de sueño profundo y REM, lo que puede afectar al funcionamiento cognitivo y emocional.

Fatiga y somnolencia diurna. El ruido puede hacer que los niños se sientan cansados y somnolientos durante el día, lo que puede afectar a su capacidad para concentrarse y rendir en la escuela o en otras actividades diarias.

Problemas de comportamiento. El ruido puede aumentar la irritabilidad, la ansiedad y el estrés en los niños, lo que puede provocar problemas de comportamiento y emocionales a largo plazo.

Al igual que lo que ocurría con la contaminación lumínica, ante la contaminación sonora exterior somos meros espectadores o sufridores y poco podemos hacer, salvo difundir su importancia. Sin embargo, la contaminación sonora que originamos en nuestro hogar o en nuestro edificio sí es asunto nuestro y, aunque los científicos no se ponen de acuerdo sobre sus efectos perniciosos, parece de sentido común cuidar ese aspecto de la salud ambiental de nuestros pequeños.

7

Consecuencias de la privación crónica de sueño en la infancia

En los capítulos anteriores hemos estado viendo cómo es el sueño, cómo evoluciona desde la gestación hasta la adolescencia y cómo podemos cuidarlo.

Espero que todo esté más o menos claro y sirva para que puedas disfrutar más, si es posible, de la crianza. Al menos esa es la idea que me mueve a estar sentado escribiendo mientras miro de reojo a mi nieto Manuel: aportar conocimientos y herramientas que ayuden a una crianza placentera, segura y satisfactoria.

Sin embargo, y a pesar de nuestros cuidados y atenciones, a veces los niños sufren déficit de sueño crónico.

Está claro que todos dormimos menos o peor algunos días por miles y diversas razones. En realidad, eso solo demuestra que **cuando dormimos también estamos vivos, y lo que nos ocurre durante el día nos afecta día y noche:** por el día se manifiesta de una manera y por la noche suele hacerlo dificultando o empeorando nuestro sueño. Mirado así, es un signo de equilibrio de respuesta y salud.

El problema se produce cuando la circunstancia que ocasiona el problema del sueño ya ha pasado. En ese caso, o bien tenemos una enfermedad del sueño, o bien nuestro modo de vida (esta es la situación más frecuente) hace que esa falta de sueño se convierta en una situación crónica, mantenida en el tiempo.

De las consecuencias de esta situación es de lo que hablaremos ahora. Estoy seguro de que, una vez que conozcas algunas de las consecuencias de esta falta crónica de sueño, tomarás las decisiones y medidas que creas más oportunas para reconducir la situación o solicitar ayuda a profesionales.

En la actualidad y en una realidad que no me gusta

La realidad

Hace poco leí, en un artículo publicado en una revista profesional internacional, lo siguiente:

> Durante 2016-2018, **aproximadamente un tercio de los niños de cuatro meses a diecisiete años** durmieron menos de lo recomendado para su edad. La falta de sueño es un factor de riesgo importante para la mala salud física y mental en bebés, niños y adolescentes. Los padres pueden ayudar a las personas de cuatro meses a

diecisiete años a dormir lo que necesitan al apoyar buenos hábitos de sueño. Establecer una hora regular para acostarse es una buena base y se asocia con más sueño.

A mí estos números me preocupan y me abruman. ¿Será porque estoy pensando en mi nieto de meses y en su futuro?

Nuestro ancestro el *Homo erectus* empleó cuevas como refugio y hace un millón y medio de años aprendió a utilizar el fuego. Nuestra especie, *Homo sapiens,* hace unos 45.000 años construyó refugios artificiales protegidos de los rayos del sol, y hace unos 28.000 años que empezó a fabricar lámparas que le permitieron extender el período diario de iluminación. Estas, no obstante, ofrecían una luz de color amarillo, cálida.

De manera que el ser humano es el único ser vivo que puede manipular su ambiente luminoso a voluntad y, durante esos 28.000 años, **el tiempo ganado a la oscuridad bajo la luz cálida de la fogata se utilizaba fundamentalmente para conversaciones afectivas y el recuerdo de seres queridos desaparecidos:** era un período de afectividad y desactivación cognitiva.

Durante los últimos doscientos años, con la introducción de la luz eléctrica, y en los últimos treinta a cuarenta años, con la aparición de la tecnología y las pantallas en los hogares y en los dormitorios, se ha producido un importante cambio en nuestro ambiente y en nuestra actitud en las últimas horas del día y primeras de la noche. Poder controlar la duración e intensidad de la oscuridad de la noche ha desdibujado la frontera entre la noche (oscuridad) y el día (luz cambiante); la noche ya no es tan oscura ni el día del humano urbanita nos somete a tanta inundación de luz natural. Únicamente el 10 % de la superficie europea nocturna está libre de contaminación lumínica, y el *Homo sapiens* urbanita se pasa el 90 % de su tiempo en sitios cerrados.

Esta pérdida de la frontera día-noche ha ocasionado al menos dos consecuencias relacionadas con el sueño:

* Se ha acortado la oportunidad de sueño.
* El tiempo ganado a la oscuridad bajo la luz blanca/azul de lámparas y pantallas ha dejado de ser un tiempo dedicado a la afectividad y la desactivación, para pasar a ser un tiempo de actividad y producción, bien en comunidad, bien en solitario, desde la más tierna infancia.

De manera que el cómo, cuándo y cuánto duerme el ser humano occidental no solo ha cambiado, sino que lo ha hecho a una velocidad enorme y sin precedentes. Hemos pasado de cambiar las cosas a la velocidad del trote de un caballo a hacerlo a la velocidad de un avión en pocos años.

Es esa velocidad de cambio la que condiciona el déficit crónico de sueño al dificultar nuestra adaptación a esta nueva situación: en general, nuestro organismo y su reloj biológico, que controla cada una de nuestras funciones vitales, está diseñado para convivir armónicamente con un medio ambiente que ya no existe, lo hemos alterado muchísimo en los últimos cien años de nuestra especie.

Nunca antes el *Homo sapiens* había estado sometido a un cambio ambiental tan brutal y, especialmente, tan rápido que está afectando a todos los componentes de la llamada «One Health».

NO PODEMOS INFLUIR EN ESTE RÁPIDO CAMBIO,
PERO ENTENDERLO NOS AYUDA A ADAPTARNOS.
LAS ÚLTIMAS HORAS DEL DÍA DEBERÍAN SER TIEMPO
DE AFECTIVIDAD Y DESACTIVACIÓN PROGRESIVA.
LA CONVERSACIÓN ES LA MEJOR HERRAMIENTA.

La actualidad

Mira esta tabla,[1] que refleja la rápida pérdida de tiempo de sueño en niños españoles en las últimas décadas, y dime: ¿no te preocupa?

	Tiempo total de sueño		
	1987	**2011**	**Diferencia**
2-5 años	10 h 40 m	10 h 16 m	24 m
6-9 años	9 h 51 m	9 h 31 m	20 m
10-14 años	9 h 19 m	8 h 52 m	27 m

* Inicio del uso del móvil: 2007. Inicio del uso de *tablets:* 2010.

[1] Ingrid de Ruiter, Rocío Olmedo Requena, José Juan Sánchez Cruz, José Juan Jiménez Moleón, «Changes in sleep duration in Spanish children aged 2-14 years from 1987 to 2011», *Sleep Medicine*, 2016, pp. 145-50.

Con estas cifras estoy seguro de que ya no sorprende a nadie que un 17,3 % de los escolares españoles acudan a clase con sensación de sueño de manera habitual y el 4,2 % se duerma en clase, según sus docentes. Esto lo encontramos en un estudio que realizamos en la Comunidad Valenciana, pero no somos los únicos, ni mucho menos. En Australia, por ejemplo, se ha comprobado una pérdida de quince minutos por año entre los seis y los doce años de edad, y de hasta cuarenta minutos por año entre los diecisiete y los diecinueve años.

El déficit crónico de sueño es un problema de salud pública global en el que las familias tenemos mucho que decir y mucho que hacer, pero necesitamos que desde las instituciones públicas legislen y eduquen en este sentido. Es una responsabilidad compartida de legisladores, medios de comunicación, familias, educadores...; de toda la tribu.

Las consecuencias

Como te dije, no estamos hablando de la falta de sueño de un día o dos o tres. Hablamos de un déficit crónico de sueño, bien porque no se duerme el suficiente número de horas al día, o por una fragmentación del sueño con frecuentes despertares, a veces imperceptibles.

Esta falta de sueño que algunos científicos llaman «*jet lag* social» es un enemigo silencioso que poco a poco deteriora la salud, primero en silencio y luego, si le dejamos un tiempo, ya se manifiesta activamente.

Su carta de presentación suele ser:

* **Disminución de la memoria.**
* **Somnolencia e irritabilidad por el día.**
* **Falta de control de impulsos** con las consabidas rabietas, etcétera.
* **Cambio de conducta general.**

Recuerda que, a estas edades, en lugar de buscar un sofá porque tienen sueño, lo que hacen es superactivarse y cambiar continuamente de actividad.

Luego este «*jet lag* social» busca otras partes del organismo de nuestra infancia y va complicando su salud actual y dificultando su salud futura, la del adulto. Presento a continuación algunos ejemplos.

Defensa frente a las infecciones

Durante los primeros años de vida nuestro sistema de defensas contra las infecciones está en pleno desarrollo y, además, está continuamente rellenando archivos en los que apunta cómo se tiene que defender frente a tal o cual enfermedad, bacteria o virus que ya ha conocido; es lo que en ciencia llaman *sistema inmunológico*.

Pues bien, este **trabajo se realiza fundamentalmente mientras los niños duermen.** Si tienen menos tiempo de sueño o un sueño de mala calidad, no se producen suficientes sustancias que defiendan de las infecciones ni se apunta cómo actuar la siguiente vez para no caer enfermo muchos días.

Esta situación pone a todo el organismo en situación de estrés y alerta, activando el sistema de alarma preparado para vigilar todo el día.

Sistema de alerta o control del estrés

En nuestro sistema general de alerta, las sirenas de alarma y la Unidad Militar de Emergencias (UME) están constituidas fundamentalmente por un grupo de hormonas y sustancias entre las que se encuentra el cortisol. Estas sustancias no están preparadas para trabajar todo el día y, si lo hacen, se cansan y no cumplen perfectamente su papel, favoreciendo la aparición de otras enfermedades, como la diabetes, la obesidad, alteraciones de la tensión, etcétera.

Como ves, se alteran factores que no vemos pero que van minando toda la salud. No te quiero agobiar con datos ni es mi objetivo asustar a media humanidad. Pero **si la naturaleza reserva tanto tiempo para dormir, nos está diciendo que debemos darle valor e importancia de una manera continuada.** No pasa nada si es fiesta y dormimos menos de forma aislada o esporádica. El problema viene cuando este dormir menos es la norma durante meses.

En esto es importante recordar aquello de los cronotipos (no lo olvides: búhos o alondras). El cronotipo juega un papel clave sobre todo en el inicio de la etapa escolar, cuando los niños necesitan iniciar una fase de sueño más temprana para adaptarse a los cambios en su vida social que representa la incorporación a la escuela.

Es entonces cuando los niños con un fuerte cronotipo nocturno, o búhos, tienen dificultades para adelantar el inicio del sueño, originando una deuda de sueño crónica.

Sería bueno tenerlo en cuenta y hacer un ajuste lento, progresivo y cuidadoso del horario de sueño-vigilia basado en el reloj biológico de cada niño. Esto es especialmente importante en los más pequeños, cuyo horario diario cambia mucho debido a la escolarización.

CONOCER EL CRONOTIPO (MATUTINO O VESPERTINO) DE NUESTRO HIJO ES UNO DE LOS PRIMEROS PASOS NECESARIOS PARA ENTENDER SU FORMA DE DORMIR. LO CONOCEMOS OBSERVÁNDOLO.

Pero para tomar medidas, lo primero es saber en qué punto se encuentra el sueño de nuestros hijos. Para averiguarlo, podemos hacer varias cosas. Te las enumero para que no se nos olvide ninguna y puedas crear una especie de *check list,* que cuando yo era pequeño era una «lista de tareas»:

1. Lo primero es **recordar los percentiles de sueño,** de los que ya hemos hablado (puedes verlos en la p. 86). **Cada edad tiene sus necesidades** y, como en todo

acto de crianza, lo ideal es ajustar nuestros cuidados a la edad de cada momento.

2. **Estudia el ritmo de su sueño,** recordando aquello de que la vida es ritmo y sin ritmo no hay salud. **Valora si sus horarios son o no son regulares.** Cuanto más irregulares sean, mayor probabilidad de déficit crónico de sueño hay. Los científicos dicen que, en edades comprendidas entre los cuatro meses y los diecisiete años, solo el 23,8 % de los adolescentes y el 43,5 % de los niños de menor edad tienen horarios regulares, menos de la mitad, y esto sí es trabajo de las familias. Esto es importante: los horarios de sueño regulares se asocian a una tasa de déficit de sueño del 27,5 %, y los irregulares, al 38,6 %. Es un buen argumento para intentar ser lo más regulares posibles, sin impedir las excepciones festivas.
3. **Revisa tu tipo de apego o vínculo.** Aquí sí que debes repasar todo lo que hemos comentado ya en el capítulo 3.
4. El punto de los imposibles que no dependen de ti: **el estrés crónico o agudo originado por la pobreza, la inseguridad alimentaria, el racismo, las enfermedades crónicas, el maltrato, el abuso escolar...** Duro pero real, así que no está de más reconocerlo aquí como un factor más que contribuye a una mejor o peor calidad del sueño.

CUÁNTO, CUÁNDO Y CÓMO SON LOS DETERMINANTES DE UN ADECUADO DESCANSO.

Consecuencias más frecuentes del déficit de sueño en la etapa infantojuvenil

Estoy seguro de que estás de acuerdo conmigo en que es necesario responder primero a estas dos cuestiones:

* ¿Cuál es la capacidad reparadora del sueño, con qué se relaciona?
* ¿Qué papel juega el ambiente en los patrones del sueño?

Algunas de las respuestas que tenemos hoy en día a estas preguntas son:

El sueño y sus ritmos son fundamentales para el crecimiento corporal armónico. Recuerda que la hormona del crecimiento se secreta fundamentalmente en fases profundas del sueño, así como que, en gran medida, el sistema inmunitario que nos defiende de las infecciones depende de la duración y de la calidad del sueño. (De nuevo te recomiendo la lectura del capítulo 1.)

La conducta, la emoción y el sueño forman un triángulo indivisible. Una de las zonas del cerebro que más afectadas se ven por el «*jet lag* social» continuo es la que regula la recompensa que espera el niño ante cualquier acción.

Como consecuencia, los niños con déficit de sueño no pueden esperar y exigen la recompensa inmediata con rabietas, chillidos y exigencias: «¡Lo quiero aquí y ahora!». En el fondo, lo que se fomenta tanto en el niño como en la familia es la interiorización del refuerzo como aprendizaje de conducta: «Si no me refuerzas continuamente, no lo hago».

LA FALTA DE SUEÑO DIFICULTA LA ESPERA Y LA RESPUESTA A LA RECOMPENSA EN EL NIÑO.

La afectividad, los sentimientos. El déficit de sueño disminuye el manejo adaptativo de las emociones.

Un déficit se sueño favorece la toma de decisiones (por el niño o su entorno) basadas en incentivos no adecuados y, con ello, la presencia de actitudes de riesgo y el aumento de accidentes y conductas opositoras, o estados de ánimo negativos con un efecto perjudicial para los estados de ánimo positivos.

¡NO TE CONFUNDAS!

El sexo de nuestro hijo influye en el déficit crónico de sueño

En las primeras etapas de la infancia no parece haber diferencia según el sexo, pero en la adolescencia sí parecen existir.

Tras la menarquia o instauración del ciclo menstrual, la calidad del sueño difiere en las diferentes fases del ciclo, más interrumpida en la fase lútea y mejor en la fase folicular. Los cambios de fase lútea también incluyen una reducción del sueño de movimiento ocular rápido y una amplitud del ritmo de temperatura atenuada.

Como en muchas otras cuestiones de salud, la relación es en las dos direcciones: la reducción del tiempo de sueño se asocia con ciclos menstruales irregulares. El estrógeno, la hormona sintetizada en los ovarios, es inversamente proporcional a la melatonina.

La atención, la memoria y la toma de decisiones se ven afectadas. Dormir adecuadamente es esencial para optimizar los procesos de memoria. Esto en muchas ocasiones se traduce en problemas académicos, para los que puede ser complicado encontrar una causa que, en realidad, está justo delante de nuestras narices.

EL DÉFICIT CRÓNICO DE SUEÑO DIFICULTA
EL RENDIMIENTO ACADÉMICO.

La deuda crónica de sueño se asocia con hiperactividad, falta de atención, irritabilidad, mal humor y bajo umbral de frustración y angustia, que a menudo se observan en niños con trastorno por déficit de atención con hiperactividad (TDAH). Aunque, como es evidente, **no solo se observa en el TDAH.**

El niño y su entorno son un claro ejemplo de sistema adaptativo complejo. El modo de comportarse y actuar del niño influye en su entorno inmediato, y este, a su vez, es determinante en el desarrollo infantil. Entender este binomio conlleva la necesidad de cuidar ambos aspectos de este: niño y entorno, día y noche. Para cuidar, primero debemos cuidarnos.

Obesidad/sobrepeso infantojuvenil. La influencia del sueño en la alimentación a veces permanece oculto, pero es determinante. La relación del sueño con el sobrepeso/obesidad depende fundamentalmente de los dos conceptos que hemos mencionado ya muchas veces:

1. El tiempo total de sueño diario.
2. La regularidad y adecuación de los ritmos horarios del sueño.

Nuestro cerebro y nuestro intestino van de la mano y se influyen mutuamente, es lo que los científicos llaman ***eje intestino-cerebro.***

Las bacterias que todos tenemos en el intestino —si buscas en Google o en ChatGPT, pon la palabra *microbiota* o *microbioma* para obtener más información— influyen en los patrones normales de sueño al ayudar a crear importantes mensajeros químicos en el cerebro, como la serotonina y la dopamina. A su vez, el mantenimiento del equilibrio entre las diferentes familias de bacterias depende en gran medida del tiempo total de sueño y de la calidad de este.

El déficit crónico de sueño favorece un aumento específico del consumo de determinados alimentos (ricos en hidratos de carbono y grasas), lo que podría aumentar la probabilidad de comer en exceso y, consecuentemente, provocar un aumento de peso y riesgo de obesidad.

Los horarios de alimentación regulares a partir de los seis u ocho meses de edad (una vez iniciada la alimentación complementaria) del niño y su entorno mejoran la calidad del sueño. A la inversa, la calidad y una adecuada cantidad del sueño del niño y su entorno mejoran la nutrición.

Dormir es un tema de grupo

Seguro que no te descubro nada cuando digo que criar a niños pequeños y convivir con adolescentes puede ser una fuente de estrés.

EL DÉFICIT DE SUEÑO ES PARTE DE UN PROCESO DE ESTRÉS QUE AFECTA AL FUNCIONAMIENTO DIARIO DE UNA MANERA SIMILAR O SUPERIOR A OTROS PROCESOS DE ESTRÉS ESTÁNDAR.

Los factores estresantes inmediatos, como un hogar caótico o un niño exigente, y los factores de riesgo de fondo, como la monoparentalidad o los bajos ingresos, pueden llevar a madres/padres a experimentar demandas que exceden sus recursos. Las demandas de los niños y las presiones diarias pueden ser especialmente desafiantes en familias con recursos económicos y sociales limitados. Así que no lo olvides: **para cuidar, debemos cuidarnos primero.**

Los progenitores sufrimos, aunque nuestros hijos duerman fenomenal, alteraciones de nuestro ritmo circadiano ocasionadas por los diferentes ritmos del bebé-niño-adolescente o sus dificultades con el sueño. También puede tener consecuencias en nuestra salud, y podemos tener más posibilidades de alteraciones metabólicas a medio-largo plazo, como:

1. Incrementos de los niveles de glucosa e insulina.
2. Tendencia a un aumento de la tensión arterial o un peor control de esta.
3. Disminución de la leptina, enzima encargada de la sensación de saciedad en las ingestas.
4. Alteración del ritmo de secreción de la hormona del estrés: el cortisol.
5. Además, el sueño materno insuficiente y de mala calidad explica una variación sustancial en la crianza positiva, más allá de otras formas de estrés, en familias relativamente sanas psicológicamente.
6. El sueño deficiente de los padres pone en riesgo tanto la crianza de los hijos como el desarrollo socioemocional infantil. La higiene del sueño y los hábitos de sueño de los progenitores deben ser un enfoque destacado de su intervención; hoy sabemos que el comportamiento imprevisible de los padres y la falta de rutinas afecta a la formación óptima de circuitos cerebrales en el niño.

Esta necesidad de cuidarnos madres y padres implica la recuperación del equilibrio entre las cuatro facetas de los progenitores, que incluyen ser padres/madres, ser personas, ser parejas si se convive y ser profesionales en su desempeño laboral.

De esta manera, **el tiempo dedicado a la crianza debe ser complementado con tiempo dedicado a las otras facetas con mayor o menor intensidad,** según la etapa infantil en la que se encuentren los hijos. Siempre debe estar presente esta complementación como parte de la crianza respetuosa con el niño y su entorno, ya que ambos forman un sistema adaptativo complejo y se influyen mutuamente: es imposible entender una parte del sistema (niño/adolescente) sin comprender la otra parte del sistema (madre/padre/hermanos).

Una parte importante de las medidas para mejorar el sueño de los niños es mejorar el sueño de sus madres/padres. Los padres privados de sueño pueden mostrar una crianza menos cálida y receptiva.

PARA PODER CUIDAR MEJOR, DEBEMOS CUIDARNOS, CUIDAR NUESTRAS CUATRO FACETAS: PERSONAS, PAREJAS, MADRES-PADRES, PROFESIONALES.

Como hemos dicho, la crianza respetuosa debe serlo con el niño y con su entorno, y, si lo pensamos bien, **tenemos una ayuda no muy cara y más o menos cercana: el contacto con la naturaleza** (parques, campo...), que disminuye el cortisol, el estrés y mejora el sueño.

Decálogo contra el déficit de sueño

Este decálogo a modo de recordatorio nos puede ayudar a prevenir/valorar el déficit crónico de sueño en esta etapa de la vida:

1. Cada niño tiene sus propias necesidades de sueño y su propio cronotipo.
2. Recuerda las cinco variables que definen el déficit crónico de sueño.
3. Sueño y actividad física al aire libre se ayudan mutuamente.
4. Sueño y tecnología a última hora del día se retan.
5. Para cuidar: cuidarnos. Recuerda tus cuatro facetas y cuida las cuatro.
6. El déficit crónico de ritmo de sueño deja huella: reorganiza los hábitos del día y de la noche.
7. Quien más sabe del sueño de los hijos son sus progenitores... y su pediatra de Atención Primaria.
8. Dale al hábito del sueño la misma importancia que a la nutrición y la actividad física.
9. Recuerda: la vida es ritmo; sin ritmo no hay vida saludable posible.
10. Somos parte de un sistema adaptativo complejo: para poder cuidar mejor, debemos cuidarnos.

8

Algunas cosas que no tienen edad

El sueño en algunas ocasiones en las que hay «otras cosas»

La evolución del sueño y el cómo dormimos no siempre depende exclusivamente de la edad. Hay situaciones o enfermedades, trastornos o condiciones en los que el sueño es distinto al resto de la población.

Considero que es muy importante explicárselo a estas familias igual que le explicamos al niño celiaco por qué no debe tomar gluten o qué ocurre si lo toma. Sin embargo, en muchas ocasiones pasa desapercibido. Como si los problemas con el sueño en estas circunstancias fueran invisibles o no tuviesen importancia ni repercusión en la calidad de vida de todos y cada uno de los niños que lo sufren y sus familias. No es justo, sencillamente.

He dividido este apartado en dos partes:

1. La primera está dedicada a los niños que tienen algún tipo de **problema con la respiración.**
2. La segunda explora el sueño en niños que tienen de manera crónica algunas enfermedades o situaciones diferentes, tales como:

    * Problemas en la piel.
    * Asma día y noche.

* Reflujo gastroesofágico.
* Celiaquía.
* Diabetes.
* Trastorno del espectro autista (TEA).
* Trastorno por déficit de atención e hiperactividad (TDAH).
* Artritis reumatoidea juvenil.
* Enfermedad renal crónica.

El ruido que no cesa: problemas con la respiración

Los problemas con la respiración durante el sueño se dan en todas las edades, si bien en algunas son más frecuentes que en otras o tienen más o menos consecuencias. Estos problemas con la respiración durante el sueño todavía son más frecuentes en aquellos niños y niñas que tienen algún otro hándicap en la vida, como los que he señalado antes. Y por eso los he colocado en este capítulo sin edad definida.

«Duerme fenomenal, hasta ronca como su abuelo.» Oí esa frase cenando en casa de unos amigos. Estoy seguro de que tú también la has escuchado en más de una ocasión.

Nuestro grupo de amigos durante algunos años hemos tenido la buena costumbre de quedar un día a la semana a cenar, unas veces fuera de casa y otras en casa de alguno de nosotros. Fue en casa de uno de ellos cuando, después de cenar, me levanté para ir al baño, que estaba situado justo al lado de la habitación de los hijos. Pasar ante la puerta cerrada de esa habitación y oír unos resoplidos y ronquidos importantes casi me hace olvidar el motivo de mi paseo, aunque mi próstata me lo recordó de inmediato.

No me gusta mucho mezclar divertimento con profesión, no era una cena de amigos médicos, el único médico era yo, pero no pude evitarlo y pregunté, pregunté y pregunté por el ronquido que había escuchado. Entonces oí la famosa frase de «... como su abuelo».

La tertulia no quedó muy divertida, pero yo estoy convencido de que contribuí a mejorar la calidad de vida de un niño y un adulto futuro. Además, no perdí ningún amigo esa noche.

Algunas cosas me parecen importantes y quiero dejar algo claro desde ahora:

RONCAR NO ES SINÓNIMO DE DORMIR BIEN;
TODO LO CONTRARIO.

Roncar es sinónimo de **dificultad de la llegada de aire a los pulmones y, por lo tanto, de la llegada de oxígeno al cerebro.** Todos roncamos en determinadas circunstancias (acatarrados, muy cansados, después de una cena bien «regada»...).

Pero aquí hablamos de lo que no es normal: que un niño ronque de manera habitual, es decir que, sin estar acatarrado, ronque más de tres noches por semana, durante al menos tres semanas.

El porcentaje de niños que roncan de forma habitual varía según los estudios y la población en cuestión. En general, **se estima que entre el 10 % y el 12 % de los niños roncan de manera habitual.** Sin embargo, algunos estudios han informado de tasas más altas, especialmente en niños con sobrepeso u obesidad, problemas respiratorios o alergias.

Es importante tener en cuenta que el ronquido puede ser más común en niños pequeños y puede desaparecer a medida que el niño crece y se desarrolla, pero el ronquido habitual puede ser un signo de un problema subyacente que requiere atención médica.

Caso aparte son las **paradas respiratorias o apneas obstructivas del sueño:** un 1- 4 % de ellos no solo roncan, además hacen pausas o paradas en su respirar que llamamos *apneas del sueño,* y estas sí son responsables de la llegada de menos oxígeno al cerebro. Estas «paradas» pueden tener varias consecuencias para la salud de los niños.

No debemos olvidar que el oxígeno es fundamental para la supervivencia y el buen hacer, entre otras cosas, de las células cerebrales, las neuronas. **Durante los episodios de apnea, el niño puede experimentar una caída en los niveles de oxígeno en sangre, lo que puede afectar a su salud en general.** Además, estas apneas pueden facilitar que los niños tengan más despertares y un sueño de peor calidad. Es como si el cerebro pensara que si duerme muy profundo va a tener más problemas para defenderse de esas paradas respiratorias.

En pocas palabras, provocan en los niños un sueño más interrumpido y menos profundo y, por ello, estos pueden sentirse o bien somnolientos durante el día y con un peor rendimiento escolar o, por el contrario, y es algo típico en la infancia que los diferencia de los adultos, mostrar, en un intento por no dormirse, síntomas de hiperactividad, impulsividad y dificultad para mantener la atención.

Ya sé que estás pensando: parece un niño con el diagnóstico de trastorno por déficit de atención e hiperactividad (TDAH). Es cierto: **a veces, si no le contamos al profesional los problemas con el sueño, se pueden cometer errores y diagnosticar a niños con TDAH cuando, en realidad, lo que tienen es un síndrome de apnea del sueño,** con un sueño de peor calidad y menos continuidad.

Por lo tanto, algunos niños con estos problemas de respiración durante el sueño presentan somnolencia o falta de atención y concentración, y otros, inquietud, excitabilidad e impulsividad asociados a problemas de comportamiento.

En definitiva, tienen una peor calidad de vida... presente y futura.

Si observas que tu hijo hace «paradas» en su respiración, hundimiento de costillas, abdomen que sube y baja cada vez que respira, muchos movimientos durante el sueño..., por la noche sin estar acatarrado, no dudes en comentarlo con tu pediatra. Es importante.

El asunto es que **unas apneas del sueño crónicas no tratadas pueden dejar huella en la salud para toda la**

vida, como enfermedades cardíacas, presión arterial alta y diabetes tipo 2. Por lo tanto, es importante estar atentos a los signos de la apnea del sueño.

Te dejo una pequeña encuesta de evaluación que te puede ayudar a decidir si consultar. Mi consejo es que, si contestas «sí» a más de dos, consultes con tu pediatra:

Cuándo consultar con su pediatra	Sí	No
Ronca más de tres noches a la semana sin estar constipado.		
Se le hunde el pecho o las costillas al respirar mientras duerme.		
Observas más de una «parada» al respirar, de varios segundos.		
Ha vuelto a orinarse por la noche cuando ya no lo hacía.		
Por la mañana te dice que le duele la cabeza.		
Está más nervioso, no para, en la escuela se quejan de ello.		
Ha bajado su rendimiento en el colegio.		
Se duerme por el día en situaciones en las que antes no lo hacía.		

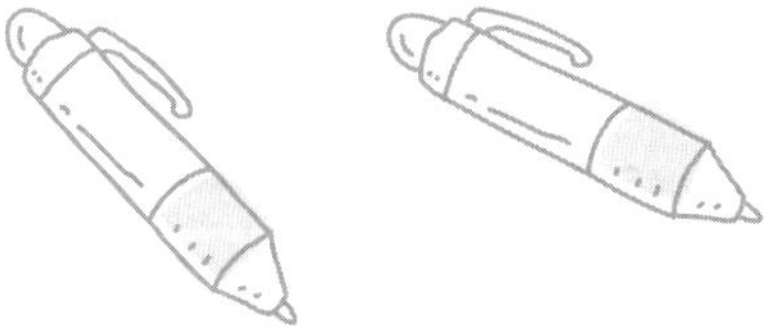

El sueño en enfermedades crónicas o situaciones especiales

La piel. Dormir abrazado a un puercoespín

Ya han pasado algunos años desde que vi por primera vez a Azucena. Entonces tenía algo menos de tres años (ahora ya está en la universidad, el tiempo pasa para todos). Vinieron por primera vez por cambio de ciudad cuando su madre, policía de profesión, fue trasladada.

El motivo de consulta era una revisión general para una niña que tenía como antecedentes en su historia clínica alergia a las proteínas de la leche de vaca y al huevo. Había recibido diferentes dietas y ahora estaba mucho mejor de la alergia, salvo una dermatitis atópica que controlaba en su lugar de residencia anterior el dermatólogo en contacto con su alergólogo.

Te recuerdo que **la dermatitis atópica es una afección de la piel que puede ser muy molesta, con piel seca que se descama y que puede causar picazón y enrojecimiento,** y necesidad rascarse, especialmente por la noche.

Algunas curiosidades que unen problemas en la piel con problemas en el sueño:

* Entre un 47 y un 80 % de los niños con dermatitis atópica tienen muchos problemas con el sueño. Sin embargo, ni pediatras ni dermatólogos abordamos el sueño de manera clara en estos niños.

* Los problemas más frecuentes son: tardar mucho en dormirse, despertares nocturnos con dificultad para volverse a dormir y somnolencia o problemas de conducta por el día por esa falta de sueño.
* ¿Sabías que en la piel hay más melatonina que en la sangre? Por algo será.
* A todas las edades: acostarse tarde rutinariamente empeora la hidratación y la salud de nuestra piel.

Muchos problemas de la piel empeoran el sueño, y un sueño de mala calidad y malos horarios empeora nuestra piel. En concreto, a Azucena su dermatitis atópica le producía tanto picor que le impedía tener un sueño profundo y continuado. Les pedí a sus padres que grabaran las dos primeras horas de sueño y, si podían, contaran las veces que la veían rascarse durmiendo o despierta. Ellos mismos se sorprendieron de la cantidad de tiempo que pasaba rascándose y directamente se lo contaron al dermatólogo y al alergólogo. Entre los tres conseguimos mejorar su sueño, su piel y su calidad de vida.

Es otra demostración de que para solucionar los problemas del sueño necesitamos a toda la tribu: familia y diversos profesionales.

NUESTRA PIEL Y NUESTRO SUEÑO DIALOGAN MUCHO Y TIENEN UN GRAN AMIGO COMÚN QUE LOS CUIDA: LA MELATONINA.

El asma día y noche

Si te acuerdas, cuando hablamos de los ritmos circadianos comentamos que no solo regulaban el sueño y la vigilia, sino también otras funciones, entre ellas el funcionamiento de la respiración por las noches. Y esto es especialmente importante en los niños con asma, sea cual sea su origen.

Por las noches el aire encuentra más resistencia para llegar hasta el fondo de los pulmones y, por otra parte, las vías que lo transportan hasta los pulmones están un poco inflamadas. Esto nos ocurre a todos, pero de una manera más exagerada en los niños que tienen asma. Por eso, muchos niños con asma (33 de cada 100) tienen despertares, y algunos de ellos, tres o más cada noche.

Además, también tienen menos sueño profundo; a más intensidad del asma, menos sueño profundo. Como consecuencia de todo ello, es más frecuente que los niños asmáticos tengan sensación de sueño o cansancio por el día.

Cuanto más controlado tengamos el asma por el día, mejor será su sueño por la noche, menos despertares tendrá y, también, menos somnolencia por el día.

El reflujo gastroesofágico

El reflujo gastroesofágico (RGE) es un trastorno digestivo en el cual el contenido del estómago regresa al esófago, la parte del tubo digestivo que conecta la boca con el estómago. En los niños, el RGE es común y, por lo general, se resuelve por sí solo a medida que el sistema digestivo madura, aunque en algunos casos, si es muy intenso o perdura en el tiempo, puede pasar a convertirse en lo que llamamos «enfermedad por reflujo gastroesofágico (ERGE)», que se manifiesta por dar lugar a:

* Dolor abdominal.
* Irritabilidad.
* Dificultad para alimentarse.
* Problemas para dormir.
* Tos o sibilancias.

Los despertares durante el sueño pueden comportarse como un importante mecanismo protector.

EN UN NIÑO CON RGE, LOS DESPERTARES PUEDEN SER UN MECANISMO QUE FACILITA LA LIMPIEZA DEL ESÓFAGO.

Cuando estamos despiertos de modo inconsciente, deglutimos, y de esa manera es más difícil que pase contenido del estómago al esófago. Cuando el niño se duerme, por un lado pasa a estar tumbado y, además, los movimientos de deglución durante el sueño disminuyen. Al despertar vuelven a aumentar esos movimientos, que se suman a los peristálticos, es decir, los movimientos del intestino. Entre ambos pueden ayudar a la limpieza del esófago.

De todas formas, los médicos no lo tenemos fácil ni entendemos del todo lo que pasa. En niños, a diferencia de lo que ocurre en adultos, el reflujo predominantemente es no ácido, por lo que no debe aparecer el estímulo dolor como «despertador». Es decir, sabemos que el despertar ayuda a mejorar el reflujo, pero no sabemos en el fondo qué es lo que hace que el niño se despierte. Ya sabes, en medicina a veces tenemos más preguntas que respuestas.

Para cerrar el círculo de los líos, hoy sabemos que los niños que tienen ERGE presentan con mayor frecuencia apneas del sueño: hasta un 15,2 % de los eventos de apnea se han relacionado con RGE.

Esto es interesante: si hay llanto + despertar + apneas + irritabilidad + tos..., no dejes de comentárselo al pediatra.

Probablemente las terapias no farmacológicas, debido a la importancia del reflujo no ácido, sean la primera línea de tratamiento que te planteará tu pediatra para tratar estas interrupciones del sueño por RGE.

Celiaquía

Si les preguntamos a los padres de un niño recién diagnosticado de celiaquía, casi siempre nos dirán que no duerme bien, se mueve mucho y se despierta.

Además, muchos niños con celiaquía tienen problemas respiratorios durante el sueño que ¡mejoran con la dieta exenta de gluten!

Pero no te equivoques: los problemas respiratorios durante el sueño no se curan o mejoran en todos los niños al retirar el gluten. Lo hacen solo en los celíacos porque disminuye la inflamación que el gluten les produce...; no vayamos a poner a dieta a todos los niños que roncan.

Si tu hijo tiene síndrome de piernas inquietas y niveles bajos de ferritina, es casi seguro que tu pediatra te pedirá una serie de análisis para asegurarse de que no tiene, además, celiaquía.

Diabetes

El niño con diabetes, al igual que el niño con asma o el que tiene dermatitis atópica, presenta un incremento de sus despertares nocturnos.

Además, los niños con diabetes insulinodependientes presentan más episodios de apnea del sueño y sus apneas son más largas. Y, lo que es más importante, los eventos durante la noche se correlacionan significativamente con el control de la glucosa: a mejor control, menos apneas. Es decir, la caída de los niveles de glucosa durante el sueño influye en el control de la respiración en esa fase.

Tu endocrino o tu pediatra te lo recordarán, pero no te olvides de que el riesgo de hipoglucemia en los niños con diabetes tipo 1 es mayor durante el sueño que durante la vigilia.

Por último, un detalle que me parece importante es que el valor absoluto de la hipoglucemia no se relaciona con despertares, sino más bien con una mayor profundidad del sueño y con una ausencia de activación simpática; ninguna de las dos cosas es demasiado buena.

Un aviso: si tu hijo con diabetes duerme bien y de pronto empieza a tener despertares nocturnos, díselo a tu especialista. Los despertares nocturnos pueden ser un indicativo de un mal control de la glucosa por la noche.

Trastorno del espectro autista (TEA)

El sueño y sus problemas forman parte de las diferencias entre los niños con TEA y los niños neurotípicos.

LOS NIÑOS CON TEA, EN GENERAL, TIENEN MENOS NECESIDAD DE SUEÑO.

Además, cerca del 80 % presentan dificultades con el sueño, bien porque les cuesta mucho dormirse, bien por despertares nocturnos muy frecuentes o por un despertar matutino muy precoz.

Esto implica que cerca del 73 % de los padres y madres de niños con TEA duerman menos de seis horas y, además, lo hagan con interrupciones. Mejorar el sueño de los niños con TEA debe ser una prioridad en el tratamiento.

Aumentar su tiempo de sueño y la calidad de este hace que mejoren sus habilidades sociales y su lenguaje. ¡Superimportante! No nos debemos conformar y pensar que no podemos hacer nada. Podemos mejorar su sueño, y mucho, con ayuda de profesionales de diferentes áreas de la salud.

Déficit de atención e hiperactividad

El sueño es también un poco diferente en los niños y las niñas que presentan trastorno por déficit de atención e hiperactividad (TDAH), y los principales síntomas son:

* Se mueven mucho más mientras duermen.
* Tienen más fase profunda de sueño.
* En ellos tarda más tiempo en aparecer la fase de sueño REM, y además tienen menor porcentaje de sueño REM. Los científicos piensan que esta puede ser, en parte, la causa de los problemas neurocognitivos y de los comportamientos que presentan estos niños.
* El número de minutos que están despiertos durante el sueño es mayor en ellos.

Otra diferencia se produce en la maduración del sueño. Conforme van creciendo los niños neurotípicos, hay un aumento gradual de la fase 2 del sueño y una disminución del porcentaje del sueño profundo. Esto no ocurre en los niños con TDAH.

Hoy pensamos, es decir, no estamos seguros, que este cambio puede ser un indicador de la necesidad de recuperación fisiológica que experimentan los niños con exceso de actividad. Esto es, **no disminuye el sueño profundo**

porque su cuerpo se ha movido y ha estado tan activo durante el día que necesita tener más sueño profundo para recuperarse. Recuerda que aumenta la cantidad de sueño profundo cuando aumenta la actividad motora durante el día.

Estas diferencias hacen que todavía sea más importante tomar las siguientes acciones.

Establecer una rutina de sueño. Es básico establecer una rutina de sueño consistente para los niños con TDAH. Esto puede incluir actividades relajantes antes de acostarse, como leer un libro o tomar un baño caliente. La rutina de sueño debe ser firme todas las noches para ayudar al niño a prepararse para dormir.

Crear un ambiente de sueño relajante. El ambiente de sueño del niño debe ser tranquilo y relajante. Se recomienda que el niño duerma en una habitación oscura y fresca, con una temperatura adecuada para dormir.

Limitar la estimulación antes de dormir. Es importante limitar la estimulación antes de dormir, como ver la televisión o jugar a videojuegos. Estas actividades pueden aumentar la actividad cerebral y hacer que sea más difícil conciliar el sueño.

Si un niño con TDAH sigue teniendo dificultades para dormir a pesar de las estrategias de manejo del sueño, es recomendable consultar con un especialista en trastornos del sueño o con un médico especialista en TDAH.

Artritis reumatoidea juvenil (ARJ)

El sueño se ha estudiado muy poco en estos casos, pero sabemos que también se ve afectado. Estos pacientes tienen más riesgo de apneas durante el sueño.

En general, la ARJ se asocia con interrupciones o despertares durante el sueño y somnolencia por el día. Se piensa que su origen es el dolor.

Enfermedad renal crónica

Más de la mitad de los niños con enfermedad del riñón crónica presentan, al menos, uno de estos síntomas: sueño inquieto, excesiva somnolencia diurna, trastornos respiratorios durante el sueño y déficit de sueño.

La presencia de una alteración del sueño se correlaciona con una disminución de la puntuación en la escala de calidad de vida pediátrica, de manera independiente al tipo de enfermedad renal crónica que presenten.

Sin embargo, en los niños sometidos a diálisis, y sin que sepamos la causa exacta, sí que observamos una mayor tendencia a tener somnolencia durante el día.

Como hemos visto en este capítulo y en todos los anteriores, el sueño forma parte de las veinticuatro horas de nuestra vida. No solo la vigilia es vida, como en muchas ocasiones nos han inducido a pensar.

Sin un correcto sueño, es imposible una vida sana.

No podemos separar el sueño del resto de facetas de nuestras vidas, de nuestra forma de ser, de nuestras enfermedades en caso de padecerlas, de nuestra condición.

He intentado dejar claro en estas páginas que tener un sueño reparador y tranquilo es vital para el correcto desarrollo físico y mental en todas las etapas de la vida, pero especialmente en la infancia y adolescencia.

No normalicemos que determinados niños, debido a su condición, arrastrarán un mal dormir; somos muchos los que estamos implicados en mejorar la calidad de vida diurna y nocturna de los niños independientemente de sus circunstancias personales o familiares.

Los niños con situaciones crónicas no son una excepción en esta implicación. Todo lo contrario.

El dormir bien es un derecho de salud pública. Todos los niños sin distinción tienen el derecho a recibir todos los cuidados y todas las atenciones que se requieran para mejorar su sueño y descanso independientemente de las circunstancias que hayan contribuido a deteriorarlo.

La sociedad está obligada a ayudar a todos los progenitores en esta tarea de favorecer un desarrollo integral y armónico de la infancia.

Agradecimientos

La verdad es que, si tuviera que citar a todas las personas que me han ayudado en esto, tendría que escribir otro libro. La vida me ha enseñado que somos solidarios, me han tratado bien.

Pido disculpas a aquellos que no se vean citados en estas líneas, no por ello no están dentro de mí.

Escribo estas líneas de manera espontánea, sin premeditación y, especialmente, sin orden de importancia en la aparición de los agradecimientos.

Me acuerdo de **mis padres,** éramos diez hijos en un piso pequeño. Nos enseñaron a compartir la vida, y el sueño es vida. Compartíamos espacio, literas unas junto a otras, ruidos y movimientos. Ninguno de mis hermanos ha tenido problemas con el sueño.

Mi familia nuclear, María Dolores, Gala y Gonzalo, que sufrieron mis ausencias y horas de estudio con paciencia y apoyando mis decisiones. Gracias. Sin vosotros no soy.

Mi nieto Manuel, que va a cumplir un año y no me ha dejado mal: duerme bien.

Hace más de veinte años una compañera y amiga inseparable tuvo la paciencia de aguantar mi insistencia en el sueño; me acompañaba por los pueblos dando charlas sobre el sueño a abuelas y madres dentro de unos cursos de puericultura de la Escuela Valenciana de Estudios de Salud Pública (EVES), y al final lo conseguí. Creo que es la pediatra de Atención Primaria que más sabe de sueño en la actualidad. Gracias por tu paciencia, **Amalia.**

Con ella hace doce años que convencimos a unos compañeros, actualmente amigos, y creamos el primer grupo de trabajo sobre el sueño infantil dentro de una sociedad científica en España. Formamos el grupo de trabajo del sueño de la Sociedad Española de Pediatría Extrahospitalaria y Atención Primaria (SEPEAP) y nos pasamos dos años viajando por España dando cursos a compañeros. Gracias a **Inés, Cleofe, Teresa, Amalia, Manuel, Rami, Silvia, Mireia, Estefanía, Lucía.** Seguimos en esto, colaborando en la formación continua de compañeros.

A este grupo se unió posteriormente el Grupo Pediátrico de la Sociedad Española del Sueño, otro reto en el que me han acompañado muchos amigos. Mi recuerdo para **Mari Luz,** que nos dejó demasiado pronto.

No quiero olvidarme de un grupo de compañeras y compañeros que han tenido la «suerte» de tenerme como jefe y que, por lo tanto, han sufrido mi manía por el sueño y el ritmo circadiano: **los compañeros de la Unidad de Pediatría Integral Quirónsalud (UPIQ) y de la Unidad de Sueño del Hospital Quirónsalud Valencia.** Entre todos hemos creado una unidad extraordinaria que presta una atención global al niño y a su entorno. Gracias por aguantarme, por vuestra colaboración y vuestro entusiasmo durante estos años que he compartido con vosotros y que han llegado a su término. Han sido unos años intensos y magníficos de un trabajo excelentemente realizado.

Cómo no, **gracias a todas las familias que me han permitido participar en su crianza.** Han sido una fuente de aprendizaje no solo del sueño, sino de la vida.

El broche final, de momento, ha sido la confianza de una persona referente como profesional y como ser humano que me ha dado la oportunidad de escribir estas páginas: **Lucía Galán,** alias **«Lucía, mi pediatra»** y para mí «Lucía, mi maestra». Gracias por tu confianza y apoyo. Sin ti, esto no habría podido realizarse.

Muchas personas quedan en el tintero, pero me es imposible citar a todo el mundo. **Si no os encontráis aquí, sabed que os llevo dentro. Gracias y mil gracias.**

GONZALO PIN ARBOLEDAS
Junio de 2023